LA BALISTIQUE
DE NICOLAS TARTAGLIA

OUVRAGE PUBLIÉ POUR LA PREMIÈRE FOIS EN 1537

SOUS LE TITRE DE

LA SCIENCE NOUVELLE,

ET CONTINUÉ EN 1546

Dans les deux premiers livres du recueil du même auteur intitulé :

QUESTIONS ET INVENTIONS DIVERSES,

TRADUIT DE L'ITALIEN, AVEC QUELQUES ANNOTATIONS,

PAR RIEFFEL,

Professeur à l'école d'artillerie de Vincennes.

PARIS,

J. CORRÉARD, ÉDITEUR D'OUVRAGES MILITAIRES,

RUE DE TOURNON, N. 20.

1845.

AVERTISSEMENT DU TRADUCTEUR.

Tartaglia a ouvert la carrière des recherches balistiques théoriques ; les deux ouvrages qu'il a publiés à cet égard ont eu plus d'un siècle d'influence sur l'enseignement. La plupart des traités d'artillerie qui ont paru jusque vers l'époque de la publication de l'Art de jeter les bombes, par Blondel (1683), sont plus ou moins remplis de ses propositions. C'est ainsi, par exemple, qu'on en retrouve encore un grand nombre dans l'ouvrage allemand de Braun, publié en 1682 et réimprimé en 1687 sous le titre de *Novissimum Fundamentum et Praxis artilleriæ*. D'ailleurs le seul fait de la réimpression des ouvrages de Tartaglia à plus de soixante ans d'intervalle entre la première et la dernière publication annonce assez le cas que l'on en faisait encore longtemps après la mort de l'auteur.

Ces remarques ont pour objet de faire comprendre qu'il serait impossible d'apprécier convenablement, au point de vue de l'histoire, le mérite de tout ce qui a été écrit jusque vers la fin du XVIIe siècle, concernant la balistique, sans connaître exactement jusqu'où Tartaglia avait porté ses recherches, à quel point il avait amené la science à son début.

Il n'existe pas, que nous sachions, de traduction française des ouvrages de Tartaglia, bien que beaucoup de nos vieux auteurs de la fin du XVIe et du commencement du

XVIIe siècle lui aient fait des emprunts, soit de la première, soit de la seconde main. Ayant eu occasion de faire récemment des recherches historiques sur la balistique, et de remarquer l'attrait qu'y trouvaient les officiers d'artillerie, je crois faire une chose agréable à l'arme en général en publiant la traduction que j'ai faite des ouvrages de Tartaglia. Si mon attente n'est pas déçue, je donnerai de même la traduction de quelques autres vieux auteurs étrangers, qui méritent d'être mieux connus qu'ils ne le sont chez nous.

La *Science nouvelle* de Tartaglia devait, dans l'intention première de son auteur, se composer de cinq *livres*. Mais il n'en a, en réalité, publié que trois. Les deux premiers sont ceux que nous donnons en ce moment au public. Le troisième, uniquement consacré à la description d'instruments et de méthodes imaginés par l'auteur pour faciliter la mesure des distances dans les applications de la théorie à la pratique, nous a paru inutile à mettre ici, attendu que la mesure des distances n'est pas précisément la branche des connaissances humaines pour l'histoire de laquelle nous voulons en ce moment fournir des matériaux.

Le quatrième livre devait être principalement consacré aux applications de la science, fondée dans les deux premiers, aux besoins de la pratique. En effet, d'après le sommaire que l'auteur en donnait, on devait y trouver :

« La proportion suivant laquelle croissent et décroissent les portées de toute espèce de pièces d'artillerie, en y comprenant les mortiers, suivant qu'on les élève ou qu'on les abaisse plus ou moins, par rapport au plan de l'horizon;

» Comment, au moyen de la connaissance d'une seule portée d'une pièce ou d'un mortier quelconque, on pouvait trouver toutes les autres portées de cette même pièce ou de ce même mortier;

» De quelle manière un canonnier doit s'y prendre pour battre tout point déterminé, soit apparent, soit dérobé à sa vue par quelque rempart, faisant, dans ce dernier cas, suivre à son projectile une route différente en le tirant sous une autre élévation;

» Enfin la manière de pouvoir tirer pendant la nuit contre un point observé pendant le jour. »

Non-seulement ces diverses matières n'ont jamais paru dans l'ouvrage intitulé la *Science nouvelle*; mais Tartaglia, en publiant en 1546, dans ses *Questions et Inventions diverses* de nouvelles recherches sur la balistique, tout en y répétant qu'il est en mesure de remplir le programme que l'on vient de lire, s'est abstenu néanmoins de rien donner d'écrit sur la relation numérique des portées aux angles de tir.

Le cinquième livre ne devait pas être de la balistique proprement dite, mais une espèce de traité de la poudre et des artifices. A cet égard le troisième livre des *Questions et Inventions diverses* nous paraît tenir au moins tout ce qu'il avait promis.

Les deux premiers livres de ces mêmes *Questions et Inventions diverses* renferment un grand nombre de questions de balistique pratique d'un haut intérêt historique.

EPITRE DEDICATOIRE

Au très-illustre et très-invincible seigneur

FRANÇOIS-MARIE DE FELTRE DE LA ROVÈRE,

Excellentissime duc d'Urbin et de Sora, comte de Montfeltre et de Durant, seigneur de Sinigaglia et de Pisaro, préfet de Rome et dignissime capitaine général de l'illustre sénat de Venise.

TRÈS-ILLUSTRE SEIGNEUR ET DUC,

Lorsque j'étais habitant de la ville de Vérone en l'année 1531, un de mes amis intimes, canonnier au Château-Vieux, homme mûr, très-habile en son art, et qui était doué d'excellentes qualités, me demanda un jour mon opinion sur la manière dont il convenait de diriger une pièce d'artillerie pour lui faire produire sa plus grande portée. Bien que je n'eusse aucune espèce de connaissance pratique d'artillerie, car (je l'avoue à Votre Excellence) je n'ai de ma vie tiré un seul coup d'arme à feu, arquebuse, bombarde ou escopette (*schioppo*), cependant, désireux que j'étais d'être agréable à mon ami, je lui promis de lui donner sous peu la réponse à sa question. Je me mis en effet à étudier et à travailler la matière, et je lui donnai mes conclusions, déduites de raisonnements fondés, les uns sur la nature des choses, les autres sur la géométrie, et qui m'avaient conduit à ce résultat, que la bouche de la pièce devait être élevée de manière à correspondre à l'angle de 45° au-dessus de l'horizon. J'ajoutai que, pour effectuer convenablement cette opération, il fallait avoir une équerre, faite de quelque métal ou de bois dur, entre les deux branches de laquelle il y aurait un quart de cercle muni d'un fil à plomb, comme cela est indiqué dans la figure 1re; que mettant une partie de la longue branche de cette équerre (c'est-à-dire une partie de BE) dans l'âme de la pièce, de manière à ce qu'elle fût exactement dirigée suivant la ligne inférieure de cette âme, et qu'élevant alors la pièce par le devant jusqu'à ce que le fil à plomb HD coupât le quart de cercle de EGF en deux parties égales, au point G, on pourrait être sûr que ladite pièce se trouverait précisément inclinée à 45° au-dessus de l'horizon. En effet, très-illustre seigneur, l'arc EGF du quart de cercle est divisé par les astronomes en 90 parties égales qu'ils appellent des degrés, d'où il suit que la moitié de ce quart de cercle, ou l'arc GF, est de 45°. Toutefois, pour l'intelligence de ce que j'avais à dire à ce sujet, j'ai divisé ce même quart de cercle en 12 parties égales seulement. Maintenant, afin que votre illustrissime Seigneurie puisse voir dans un dessin ce que j'ai expliqué ci-dessus en paroles, j'ai représenté dans la figure 2 la pièce ayant l'équerre dans la bouche et inclinée conformément à la proposition énoncée dans les conclusions remises à mon ami. Cette conclusion ne lui parut pas sans quelque vraisemblance; cependant il lui restait des doutes, parce qu'il lui semblait que la pièce ainsi dirigée était trop élevée; ce qui provenait de ce qu'il n'était pas en état de bien apprécier les raisons que je lui alléguais, n'étant pas très-versé dans l'étude des mathématiques. Néanmoins, à l'aide de quelques expériences particulières, nous vérifiâmes enfin que la chose était telle que je l'avais dit. Plus tard, dans l'année 1532, alors que le magnifique sire *Leonardo Justiniano* se trouvait préfet à Vérone, il arriva qu'un certain capitaine d'artillerie (capo de bombardieri), très-intimement lié avec mon ami, et un autre (qui est actuellement capitaine d'artillerie à Padoue), tombèrent en désaccord sur la même question que mon ami m'avait proposée, celle de savoir sous quelle inclinaison il fallait tirer une pièce pour en obtenir la plus grande portée en terrain horizontal. L'ami de mon ami concluait, une équerre à la main, précisément comme je l'avais fait, c'est-à-dire comme je l'ai exposé ci-dessus et représenté dans la figure 2.

L'autre au contraire prétendait que la pièce porterait beaucoup plus loin en l'inclinant à deux points de moins de la même équerre, qui était divisée en 12 parties égales, autrement dit en l'inclinant comme le représente la figure 3.

Il s'ensuivit une gageure, dont l'enjeu consistait en une certaine somme d'argent, qui fut déposée avant d'en venir à l'expérience. Celle-ci fut faite sur le terrain de Sainte-Lucie avec une coulevrine de 20. Chacun des deux parieurs tira, conformément à sa proposition, sans aucun avantage l'un sur l'autre, sous le rapport de la poudre ni du boulet. Celui qui soutenait ma détermination obtint (ainsi qu'on me l'a rapporté) une portée de 1,972 perches de 6 pieds, selon la coutume de Vérone. L'autre, qui avait tiré à deux points au-dessous, n'alla que jusqu'à 1,872 perches. Ainsi se trouva vérifiée ma détermination (1) aux yeux de tous, et des artil-

---

(1) La conclusion de Tartaglia était loin d'être exacte : car de ce que

leurs en particulier, qui avant l'expérience flottaient incertains, et dont même le plus grand nombre penchaient pour l'opinion contraire, la pièce inclinée à 45° leur paraissant trop élevée. Je dois cependant faire observer à votre illustrissime seigneurie, au sujet des nombres que je viens de rapporter, qu'il faut nécessairement de trois choses l'une, ou que les hommes employés à mesurer les portées aient commis quelque erreur dans leur opération, ou bien que l'on ne m'ait pas donné les résultats d'une manière exacte, ou enfin que le second des deux parieurs ait su mieux charger sa pièce que le premier (1). En effet le raisonnement prouve que la seconde portée, celle qui a eu lieu à deux points au-dessous de la moitié du quart de cercle, est un peu plus forte qu'elle n'aurait dû être comparativement à la première, ou, ce qui revient au même, que la première portée est un peu faible par rapport à la seconde, ainsi qu'on en pourra juger dans notre quatrième livre (2), où nous traiterons de la relation des portées entre elles.

---

la portée avait été plus grande sous l'angle, de 6 points ou de 45°, que sous celui de 4 points ou de 30°, cela ne prouvait nullement qu'il n'y avait pas entre ces deux angles un angle de plus grande portée. V. la note suivante. (*Note du traducteur.*)

(1) Il y avait encore une quatrième chose possible à joindre aux trois dont parle Tartaglia, c'est que sa proposition, exacte quand on fait abstraction de la résistance de l'air, cesse de l'être par l'effet de cette résistance. Le peu de différence entre les portées sous 30° et 45° s'expliquait tout naturellement dans l'hypothèse que l'angle de plus grande portée était intermédiaire entre les deux limites précitées de 45° et de 30° pour la charge employée. (*Note du traducteur.*)

(2) Ainsi qu'on l'a dit dans l'avertissement, le quatrième livre n'a ja-

Telle fut, monseigneur, l'origine des recherches que j'ai entreprises sur cette matière. Je commençai alors, fort de ces raisons, à étudier les diverses espèces de mouvements dont les corps pesants sont susceptibles, et je reconnus qu'il y en avait de deux sortes, le mouvement naturel (1) et le mouvement violent (2). Je trouvai que ces deux mouvements différaient totalement l'un de l'autre par les effets contraires qu'ils produisent, et je reconnus, par des raisons évidentes à l'intelligence, qu'un corps pesant ne pouvait pas se mouvoir simultanément des deux manières (3), c'est-à-dire être animé d'un mouvement mixte, composé tout à la fois du mouvement naturel et du mouvement violent. J'étudiai ensuite, par les méthodes rigoureuses de la géométrie, la nature des trajets produits par les mouvements

---

mais été publié, et la relation des portées aux angles de tir à laquelle Tartaglia se réfère ici est précisément l'une des matières que devait renfermer ce livre sur laquelle cet auteur n'a jamais rien écrit, bien qu'il paraisse avoir été réellement en possession de quelque règle à cet effet, dont il faisait part oralement dans ses leçons. Nous ferons remarquer à ce sujet que l'on trouve dans le Traité d'artillerie de Diego Ufano les éléments d'une relation des portées aux angles qui pourrait bien être celle de Tartaglia. Car D. Ufano cite quelque part cet auteur, et le cite de manière à prouver qu'il le regardait en quelque sorte comme l'oracle de la science. (*Note du traducteur.*)

(1) C'est-à-dire celui que prennent spontanément les corps pesants lorsqu'on cesse de les soutenir, et sans leur imprimer aucune vitesse. (*Note du traducteur.*)

(2) C'est-à-dire celui qui a lieu en vertu d'une impulsion suivant une direction quelconque. (*Note du traducteur.*)

(3) V. la note de la page 40.

violents desdits corps pesants, suivant les différentes manières dont ils peuvent être projetés à travers l'air. En outre, je m'assurai encore par des méthodes géométriques que quelle que soit l'espèce de bouches à feu que l'on emploie, grandes ou petites, pourvu qu'elles soient tirées sous des angles égaux par rapport à l'horizon, les trajectoires sont toutes semblables et par conséquent proportionnelles, et qu'il en est de même de leurs portées (1). Je reconnus ensuite, par des raisons tirées de la nature même des choses, que la portée sous l'angle de 45° devait être environ décuple du trajet rectiligne qui a lieu dans le tir horizontal, espèce de tir que les artilleurs désignent sous le nom de tir de point en blanc (2); ce qui, magnanime seigneur, me mit à même de conclure, par raisons géométriques et algébriques, que dans le tir sous l'angle de 45° la portion rectiligne de la trajectoire au sortir de la pièce est d'environ quatre fois aussi étendue que celle qui a lieu dans le tir horizontal, ou de point en blanc, comme disent les artilleurs. De là il faut conclure qu'un boulet tiré d'une même pièce fait plus de chemin en ligne droite étant tiré sous un angle que sous un autre, et que par conséquent aussi il fait plus d'effet dans le premier cas que dans le second (3). Continuant ensuite mes calculs, illustrissime seigneur, j'ai trouvé la proportion suivant laquelle la portée des pièces d'artillerie augmente ou diminue, en même temps que les

---

(1) Cette conséquence de la théorie très-défectueuse de Tartaglia, est encore une de celles de la théorie rigoureuse fondée sur l'hypothèse du vide ou de la non-résistance de l'air. (*Note du traducteur.*)

(2) V. la note de la page 67.

(3) Tartaglia commet ici une grave erreur sur laquelle nous aurons occasion de revenir dans les *Quesiti et inventioni diverse.*

angles suivant lesquels on les incline pour tirer, et de plus la méthode à suivre pour déterminer les différences desdites portées, quelle que soit la pièce employée, grande ou petite, pourvu que l'on connaisse une seule portée de cette pièce sous un angle quelconque, la charge, bien entendu, étant toujours la même (1).

Je me suis aussi occupé de rechercher la proportion et l'ordre des tirs du mortier, et j'ai pareillement découvert la manière de déterminer en peu de temps les portées de ces tirs au moyen de celle d'un seul coup. En outre j'ai reconnu, par des raisons d'une entière évidence, comment il était possible de frapper en un même point par deux routes différentes; autrement dit, en donnant à la pièce d'artillerie deux élévations différentes, et j'ai trouvé le moyen de mettre cette idée à exécution (deux choses entièrement nouvelles, ou qui n'ont jamais été dites ou pensées, soit par les modernes, soit par les anciens).

Ensuite, magnifique seigneur, j'ai considéré que toutes ces diverses connaissances seraient de fort peu de secours à un artilleur, s'il ne connaissait pas la distance du lieu où il doit faire arriver ses coups. Supposons, par exemple, qu'il eût à tirer sur un lieu apparent, mais dont l'éloignement lui fût inconnu, à quoi, ô duc magnanime, lui servirait en cette occasion de savoir que sa pièce sous tel angle porterait à 1,356 pas, sous tel autre à 1,458, et sous tel autre encore à 1,574 pas, et ainsi de suite, de degré en degré. A coup sûr, cela ne lui servirait à rien, puisque, ignorant la distance, il serait dans l'impossibilité de choisir l'élévation sous laquelle il devrait tirer sa pièce pour atteindre le but

---

(1) V. l'Avertissement du traducteur.

proposé. Il suit de là que deux choses principales sont nécessaires à un artilleur qui tient à tirer d'une manière rationnelle, et non au hasard, deux choses tellement liées l'une à l'autre, que la connaissance de la première devient tout à fait inutile sans celle de la seconde (je parle ici de tirs à de longues distances). La première de ces choses consiste à savoir reconnaître et déterminer approximativement à la vue la distance du lieu qu'il s'agit de battre; la seconde est de connaître la grandeur des portées de la pièce sous les différents angles d'élévation. Ces deux choses connues, l'artilleur ne commettra jamais de grande erreur dans l'exécution de sa pièce, tandis que si l'une d'elles lui fait défaut, il lui sera impossible de tirer d'une manière raisonnée, et il sera réduit à procéder par tâtonnements. Que si, par aventure, il frappe du premier coup au point désiré, ou près de ce point, ce sera au sort plutôt qu'à la science qu'il devra en rendre grâce (toujours dans la supposition de tirs à de longues distances).

C'est en vue de ces considérations, illustrissime seigneur, que j'ai indiqué une nouvelle manière de déterminer, par une opération expéditive, les hauteurs, les profondeurs, les largeurs, et enfin les distances soit hypoténusales ou diamétrales, soit horizontales, des objets que l'on peut apercevoir. Je ne donne pas cette invention comme tout à fait nouvelle; car il est vrai de dire qu'Euclide dans sa Perspective en a présenté une théorie succincte, et que bien d'autres auteurs s'en sont occupés, tels que Jean Stoffler, Oronte, Pierre Lombard et beaucoup d'autres, qui ont donné des règles sur ces matières, les uns s'aidant du soleil, les autres d'un miroir, d'autres d'un quart de cercle, d'un astrolabe, de deux baguettes, d'un bâton (qu'on a nommé le *bâton de Jacob*) et de bien d'autres méthodes encore. Je dis seulement, très-illustre seigneur, que j'ai trouvé un nouveau moyen convenable, expéditif, facile à comprendre d'un chacun, et moins sujet aux erreurs que tous les autres, de déterminer les longueurs précitées; que personne avant moi n'avait donné de règle pour mesurer les distances hypoténusales ou diamétrales, non plus que les distances horizontales, distances qui sont précisément celles qu'il importe le plus à l'artilleur de connaître ; car il n'a en réalité jamais grand besoin de savoir quelle peut être la hauteur ou distance verticale d'un objet élevé au-dessus de l'horizon, non plus que la profondeur d'un objet situé au-dessous de ce plan, non plus encore que la largeur d'un objet plus ou moins étendu latéralement. Les seules distances dont il ait toujours besoin sont celles qui se mesurent suivant l'hypoténuse et horizontalement, ce qui sera rendu d'une entière évidence à votre illustrissime Seigneurie dans le quatrième livre.

Indépendamment des divers sujets dont je viens de parler, je me suis occupé aussi, par curiosité, à compiler ce que les naturalistes anciens et modernes ont observé touchant les compositions de feux, la nature des gommes, des bitumes, des corps gras, des huiles, des sels, des eaux distillées et autres matières simples, minérales ou non minérales, produites par la nature ou par l'art, ce qui m'a amené à composer un grand nombre d'espèces variées de feux, très-utiles non-seulement à la défense de toute espèce de rempart revêtu, mais encore dans beaucoup d'autres circonstances.

Au moyen de tout quoi j'avais d'abord eu l'intention de faire un traité de l'art de l'artillerie, et de l'amener à un degré de perfection qui permît de régler le tir dans toutes les circonstances, en s'aidant seulement de quelques expériences particulières; car, comme le dit Aristote dans le septième livre de la *Physique*, texte 20 (*testo vigesimo*), les expériences particulières servent à composer la science universelle. Mais depuis, en méditant un jour, à part moi, il m'a semblé que c'était une chose blâmable, honteuse et barbare, digne d'un châtiment sévère devant Dieu et devant les hommes, que de vouloir s'attacher à perfectionner un art dommageable au prochain et destructeur de l'espèce humaine, voire surtout des chrétiens dans les guerres continuelles qu'ils se font entre eux. En conséquence, non-seulement j'ai tout à fait négligé l'étude de cette matière pour m'adonner à d'autres, mais j'ai même déchiré et brûlé tout ce que j'avais calculé et rédigé sur ce sujet, honteux et pénétré de regret du temps que j'y avais employé, et bien décidé à ne jamais communiquer par écrit ce qui, contre ma volonté, m'en était resté dans la mémoire, soit qu'il s'agît de complaire à un ami, soit dans la vue d'en retirer un bénéfice, comme on me l'a souvent proposé, regardant l'enseignement de ces matières comme une grande faute, comme un naufrage de l'âme.

Aujourd'hui cependant, à la vue du loup féroce qui se prépare à fondre sur notre troupeau, à la vue de tous nos pasteurs d'accord pour la défense commune, il ne me paraît plus permis de tenir ces choses plus longtemps cachées, et j'ai résolu de les publier partie par écrit, partie oralement, en faveur de tout chrétien, afin que chacun soit ainsi mieux en état, soit d'attaquer l'ennemi commun, soit de se défendre contre lui. Je regrette beaucoup en ce moment d'avoir abandonné autrefois ce travail ; car je suis certain que si j'y eusse persévéré jusqu'à ce jour, j'aurais trouvé des choses de la plus grande valeur, comme j'espère en trouver encore. Mais, parce que le présent seul est certain et que le temps est court, je commence d'abord par ce que je trouve en ce moment sous ma main, et je livre à l'impression ce petit opuscule, qui, semblable au moindre des ruisseaux cherchant par sa pente naturelle à se rapprocher de la mer et à s'y réunir, cherche aussi, sachant que votre illustrissime Seigneurie réunit en elle toutes les vertus guerrières, à se rapprocher d'elle et à se confondre dans sa grandeur. Et de même aussi que la vaste mer, qui n'a nul besoin d'un mince filet d'eau pour s'alimenter, ne dédaigne pas cependant de recevoir dans son sein une chétive rivière, de même je nourris l'espoir que votre Seigneurie ne dédaignera pas d'accepter mon ouvrage, afin de mieux instruire les artilleurs de votre illustrissime gouvernement dans la théorie de leur art, et de les rendre plus aptes à le bien pratiquer. Que si je ne satisfais pas entièrement dès aujourd'hui votre excellentissime Seigneurie et ses habiles artilleurs par les trois présents livres, j'ai l'espérance que dans peu de temps la partie pratique qui se trouvera dans le quatrième et dans le cinquième (1), non encore livrés à l'impression par plusieurs raisons, mais que je m'occupe de rédiger, satisferont en partie votre sublimité ainsi qu'eux. En attendant, mes instructions orales y pourvoiraient au besoin.

Ecrit à Venise dans les maisons neuves de San-Salvator, le 20 décembre 1537.

De votre illustrissime S. D.,

Le serviteur très-humble,

NICOLAS TARTAGLIA DE BRESCIA.

---

(1) V. l'Avertissement du traducteur.

LA SCIENCE NOUVELLE

DE NICOLAS TARTAGLIA.

LIVRE PREMIER.

DÉFINITIONS OU ÉNONCÉS DES PRINCIPES FONDAMENTAUX QUI PORTENT EN EUX LEUR ÉVIDENCE.

PREMIÈRE DÉFINITION.

On appelle corps UNIFORMÉMENT PESANT (EGUALMENTE GRAVE) *celui qui, en raison de la matière qui le compose et de sa forme extérieure, est susceptible de n'éprouver qu'une résistance insensible de la part de l'air dans tous les mouvements qu'il peut y exécuter* (1).

---

(1) Tartaglia, voulant dans sa théorie faire abstraction de la résistance de l'air, dont il reconnait la puissance, choisit les projectiles dont il veut s'occuper de manière à ce que cette résistance ait sur eux le moins d'effet possible, et c'est à ces corps qu'il donne le nom de : ***uniformément pesants***. Ainsi ces mots, qui reviennent continuellement dans le livre de la *Science nouvelle*, doivent être considérés comme équivalant à ceux de : *dans l'hypothèse du vide*, ou bien de : *en faisant abstraction de la résistance de l'air*, qui ont été depuis introduits dans le langage de la balistique. (*Note du traducteur*.)

Les physiciens distinguent tous les corps de la nature en simples et en composés; les simples sont au nombre de cinq : la terre, l'eau, l'air, le feu et le ciel. Tout autre corps, suivant eux, est donc un corps composé des précédents : tels sont, par exemple, les hommes, les animaux, les plantes, les pierres, les sept métaux, etc., etc. Des cinq corps simples précités quatre sont considérés comme des *éléments :* ce sont la terre, l'eau, l'air et le feu. Le cinquième, ou le ciel, est désigné sous le nom de *cinquième essence* (1). Des quatre éléments, deux (selon Avicennes, dans le second précepte [*doctrina*] du 1er chap. [*feno*] de son livre premier) sont légers, et deux sont pesants. Les légers sont le feu et l'air, les pesants la terre et l'eau. D'un autre côté, Averrhoës (*sopra il quarto de celo et mundo, testo* 29) prétend que tous ces corps, chacun en son lieu, sont doués d'un certain degré de pesanteur, à l'exception du feu, et que tous aussi sont doués d'une certaine légèreté, à l'exception de la terre, en sorte que l'air, considéré en son lieu propre, participerait à la pesanteur.

Il suit de là que tout corps composé des quatre éléments et plongé dans l'air (*composto di quatro elementi in aere*) a sa part de pesanteur. Néanmoins ici, quand nous parlerons d'un corps uniformément pesant (*equalmente grave*), nous n'entendrons parler que de celui qui, selon la pesanteur propre de sa matière et la forme qu'elle affecte, est susceptible de ne pas éprouver sensiblement d'opposition de la part de l'air dans aucun de ses mouvements. A l'égard de la matière, le corps peut être de fer, ou de plomb, ou de

(1) Ou, comme on disait jadis en français, de *quintessence. (Note du traducteur.)*

pierre, ou de quelque autre substance d'une pesanteur analogue. Quant à la forme, elle influe plus ou moins sur la résistance que le corps peut éprouver de la part de l'air. Ainsi, par exemple, la forme conique ou pyramidale serait la première qui se présenterait, comme particulièrement apte à moins souffrir de cette résistance, s'il était possible par un moyen convenable de maintenir le mobile doué de cette forme dans une position telle, que son sommet ou sa pointe se présentât toujours en avant au choc de l'air pendant le mouvement. Mais attendu que, faute d'être ainsi maintenu, le corps de forme conique ou pyramidale cesserait de jouir de la propriété indiquée, parce qu'il ne serait pas *uniformément pesant* (*equalmente grave*), nous admettrons sans autre condition que la forme sphérique est entre toutes les autres celle qui est la plus apte à atténuer l'effet de la résistance de l'air dans toute espèce de mouvement, comme réunissant au plus haut degré la double propriété d'une grande mobilité et d'une pesanteur uniforme dans tous les sens (*per esser più agile al moto da tutte le bande et equalmente grave de qual si voglia altra*).

DEUXIÈME DÉFINITION.

Les corps UNIFORMÉMENT GRAVES *sont dits semblables et égaux entre eux lorsqu'il n'existe entre eux aucune différence, ni substantielle ni accidentelle.*

TROISIÈME DÉFINITION.

On appelle INSTANT *ce qui est indivisible.*

L'instant est par rapport au temps et au mouvement ce qu'est le point géométrique par rapport aux grandeurs linéaires, c'est-à-dire qu'il n'a pas de parties, mais est indivisible, et par conséquent n'est encore ni du temps ni du mouvement, mais est le principe et la fin de tout temps et de tout mouvement limité. C'est (à parler comme Aristote dans le sixième livre de la *Physique*, texte 24) la dernière extrémité du temps passé qui ne fait pas encore partie du temps à venir, ou bien l'origine du temps à venir, qui n'appartient déjà plus au temps précédemment écoulé.

QUATRIÈME DÉFINITION.

Le temps est une mesure du mouvement et du repos ; ses limites sont deux instants.

Les savants ont donné diverses définitions du temps, entre lesquelles est celle que nous avons adoptée, comme s'adaptant mieux que toute autre à notre sujet ; ainsi pour nous le temps sera la mesure du mouvement et du repos. De même qu'au moyen d'une mesure matérielle nommée perche (*pertica*) dans beaucoup de pays, laquelle est divisée en 6 pieds, dont chacun est subdivisé en 12 pouces, on parvient à la connaissance des trois dimensions, longueur, largeur, épaisseur des corps matériels ; de même aussi au moyen d'une mesure de temps, nommée *année*, qui se divise en 12 *mois*, dont chacun est le plus souvent de 30 *jours*, le jour étant lui-même divisé en 24 *heures*, dont chacune se subdivise en 60 *minutes*, on acquiert la notion des différences qui ont lieu dans le mouvement des corps sous le rapport de la rapidité ou de la lenteur de ce mouvement. Comment, par exemple, saurait-on que l'une des sept planètes se meut plus rapidement qu'une autre, autrement que par la mesure de leur mouvement au moyen de ce que l'on appelle une *année* avec ses parties, les mois, les jours, les heures et les minutes, selon la méthode employée dans les déterminations astronomiques? Les extrémités d'une année c'est-à-dire son commencement et sa fin, sont deux instants, et il en est de même de chacune des parties dans lesquelles elle est subdivisée, et généralement des deux extrémités d'un espace de temps limité.

CINQUIÈME DÉFINITION.

Le mouvement d'un corps uniformément pesant n'est autre chose que son changement successif de place, depuis un lieu jusqu'à un autre, et les deux extrémités de ce mouvement sont deux instants (1).

Tous les savants et notamment Aristote (dans le cinquième livre de la *Physique*, texte 9) ont défini le mouvement comme étant une mutation ou une transmutation; mais tous ne sont pas d'accord sur le nombre des espèces de mouvements ou de transmutations. Les uns en reconnaissent six, savoir: la *génération*, la *corruption*, l'*augmentation*, la *diminution*, l'*altération* et le *changement de lieu*. Mais Aristote, dans l'endroit précité, réduit ces six espèces à trois : *changement de*

---

(1) Aujourd'hui, du moins en France, on donne ordinairement le nom de *points* aux deux limites de l'espace linéaire parcouru par un corps en mouvement, ou plus exactement par le centre de gravité de ce corps. Le mot *instant* n'est employé que lorsqu'il s'agit du temps. Tartaglia au contraire appelle indistinctement *instant* chacune des limites du temps, ou chacune des limites de l'espace parcouru pendant ce temps. (*Note du traducteur.*)

quantité, *changement de qualité*, *changement de lieu*. De ces diverses espèces nous ne considérons, nous, que la dernière, les autres étant sans aucun intérêt pour notre sujet. Ainsi pour nous, le mouvement d'un corps uniformément grave est cette espèce de mutation, qui s'opère successivement, du lieu qu'il occupe, comme ferait par exemple un mouvement de haut en bas, ou de bas en haut, ou généralement un mouvement de va-et-vient, de droite à gauche et de gauche à droite. Les limites de ces espèces de mouvements (c'est-à-dire leur commencement et leur fin) sont deux instants.

SIXIÈME DÉFINITION.

On appelle mouvement NATUREL *des corps uniformément pesants celui qu'ils exécutent naturellement d'un point élevé à un point inférieur, en suivant la perpendiculaire et sans avoir reçu aucune impulsion.*

SEPTIÈME DÉFINITION.

On appelle MOUVEMENT VIOLENT *des corps uniformément graves celui qu'ils exécutent en vertu d'une impulsion extérieure qui les projette soit de bas en haut, soit de haut en bas, soit latéralement.*

HUITIÈME DÉFINITION.

Les mouvements de corps uniformément graves sont dits égaux lorsque les corps sont semblables et se meuvent avec des vitesses égales, c'est-à-dire parcourent des espaces égaux dans des temps égaux.

NEUVIÈME DÉFINITION.

On appelle OBSTACLE *ou* CORPS RÉSISTANT *tout corps en repos qui, venant à être frappé par un corps uniformément grave en mouvement, fait obstacle à ce mouvement.*

DIXIÈME DÉFINITION.

Nous dirons que deux obstacles sont semblables lorsque, frappés par deux corps uniformément graves semblables, ils en éprouveront ou des effets semblables, si les mobiles sont animés de mouvements égaux, ou des effets différents, si les mobiles sont animés de mouvements différents, bien entendu que dans ce second cas, celui des deux obstacles qui sera frappé par le mobile animé de plus de vitesse sera aussi le plus violemment frappé.

ONZIÈME DÉFINITION.

On désigne sous le nom de choc (OFFENSIONE), *ou de percussion* (PERCUSSIONE), *ou de* PÉNÉTRATION (BUCO), *l'effet que produit un corps uniformément grave en mouvement, à la rencontre d'un corps résistant.*

DOUZIÈME DÉFINITION.

Et lorsque les percussions ou les pénétrations de corps uniformément graves semblables sont égales, on dit que les effets produits sont égaux, de même que l'on dit que ces effets sont inégaux lorsque les percussions ou les pénétrations sont différentes.

TREIZIÈME DÉFINITION.

On appelle FORCE MOUVANTE *ou* FORCE IMPULSIVE (1) (POSSANZA MOVENTE) *tout mécanisme artificiel, ou toute matière capable de lancer, projeter ou tirer violemment à travers l'air, un corps uniformément grave.*

QUATORZIÈME DÉFINITION.

Deux forces mouvantes sont dites semblables et égales lorsqu'elles ne présentent aucune différence, soit substantielle, soit accidentelle dans leurs manières de projeter des corps uniformément graves semblables et égaux. Quand au contraire ces deux forces présentent quelque différence accidentelle, on dit qu'elles sont différentes et inégales.

---

(1) Nous avons cherché à traduire littéralement le mot *possanza movente*, employé par Tartaglia, pour ne pas prêter à cet auteur un langage qui n'existait pas de son époque; mais il est clair qu'il s'agit ici de ce que l'on appelle aujourd'hui *force instantanée*, ou force produisant son effet dans un temps inappréciable, par opposition aux forces motrices ou continues. Ceci bien entendu, nous continuerons à employer le mot *force mouvante*. (*Note du traducteur*.)

HYPOTHÈSE Ire.

Dans tout mouvement d'un corps uniformément grave on admet, conformément aux idées reçues, que la vitesse est plus grande à mesure que son effet contre un obstacle résistant est plus grand.

HYPOTHÈSE IIe.

Lorsque deux corps uniformément graves semblables et égaux ont parcouru ou doivent parcourir dans des temps égaux des espaces égaux terminés à deux instants, on admet que leurs vitesses étaient ou seront égales.

HYPOTHÈSE IIIe.

Toutes les fois que des corps uniformément graves semblables et égaux produisent, ou doivent produire des effets égaux contre des obstacles semblables, on admet que ces corps sont animés ou doivent être animés de vitesses égales à l'instant de la rencontre.

HYPOTHÈSE IVe.

Mais lorsque les effets sont différents on admet que les vitesses sont différentes, et que celui des deux corps qui produit le plus grand effet est animé d'une plus grande vitesse.

HYPOTHÈSE V^e^.

Lorsque des corps uniformément graves semblables et égaux rencontrent des corps résistants semblables, chacun au dernier instant de son mouvement violent, on admet que les effets de ces corps sont égaux.

IDÉES REÇUES (*COMUNE SENTENTIE*).

Ire.

Lorsqu'un corps uniformément grave se meut d'un mouvement naturel, plus la hauteur qu'il aura parcourue avant de rencontrer un obstacle sera considérable, plus son effet sur cet obstacle sera grand.

IIe.

Lorsque des corps uniformément graves semblables et égaux, animés du mouvement naturel, arrivent contre des obstacles semblables après avoir parcouru des hauteurs égales, les effets qu'ils produisent sur eux sont égaux.

IIIe.

Mais si les hauteurs parcourues ne sont pas égales, les effets produits seront inégaux, et le plus grand effet sera produit par celui des corps qui aura parcouru la plus grande hauteur.

En remarquant toutefois que les hauteurs dont il s'agit doivent être estimées par rapport à la position des obstacles.

IVe

Si un corps uniformément grave, mû d'un mouvement violent, vient à rencontrer quelque corps résistant, plus ce dernier corps est rapproché de l'origine du mouvement, plus l'effet produit sur lui est considérable.

PROPOSITION PREMIÈRE.

Tout corps uniformément pesant, mû du mouvement naturel, acquiert d'autant plus de vitesse qu'il s'éloigne davantage de l'origine de son mouvement, ou qu'il s'approche davantage de son terme (1).

Exemple. Soient (fig. 4) A, B, C, trois points situés à des hauteurs différentes dans une même verticale, et supposons que du point A un corps uniformément grave vienne à tomber spontanément; il n'y a pas de doute que ce corps, à moins d'être arrêté en chemin, ne soit transporté d'un mouvement naturel jusqu'à la rencontre du sol, en parcourant une ligne droite telle que DEFG. Cela posé, je dis que le mouvement de ce corps se fera de telle manière, que sa vitesse ira en augmentant à mesure qu'il s'éloignera davan-

---

(1) La démonstration de cette proposition, toute mathématique qu'elle est dans la forme, n'a pas en réalité la rigueur mathématique, puisqu'elle repose sur une suite d'hypothèses ou d'idées reçues, et non sur la loi même de la chute des corps, loi qui n'était pas encore connue du temps de Tartaglia. Aussi cet auteur se borne-t-il à dire que la vitesse s'accélère, sans hasarder aucune hypothèse sur la loi de son accélération. On voit également dans les développements de l'auteur que, faute de regarder la force de la pesanteur comme la résultante de l'attraction de tous les points de la terre sur le corps, il suppose que cette force suivrait la même loi dans l'intérieur du globe qu'à l'extérieur. — En considérant la forme de la démonstration employée par Tartaglia, on ne peut s'empêcher de déplorer que ce profond géomètre n'ait pas été en même temps physicien ou expérimentateur. S'il eût fait réellement les expériences qu'il indique ici pour fixer les idées, et mettre de la clarté dans ses raisonnements, et s'il les eût dirigées de manière à mesurer les effets de la chute d'un même corps très-dense tombant de diverses hauteurs considérables, peut-être serait-il arrivé à déterminer la loi de l'accélération un siècle avant la publication du livre où elle a été établie pour la première fois par l'illustre Galilée. (*Note du traducteur.*)

tage du point de départ ou de l'instant D, ou, ce qui revient au même, à mesure qu'il s'approchera davantage de son terme, c'est-à-dire de l'instant ou point G. En effet, d'après la *première idée reçue*, le corps dans ce mouvement ferait plus d'effet contre un obstacle qu'il rencontrerait à la hauteur C que sur un autre qu'il rencontrerait à la hauteur B. Il suit donc de là que ledit corps, en vertu de notre *première hypothèse*, parcourrait l'espace EF avec plus de vitesse que l'espace DE. De même, puisque le corps (toujours en vertu de la *première idée reçue*) produirait plus d'effet contre un obstacle placé en G que contre un obstacle semblable placé en C, il s'ensuit (par la même *première hypothèse*) que ledit corps sera animé d'une plus grande vitesse en parcourant l'espace FG qu'en parcourant l'espace EF; et s'il lui était donné de passer au delà du point G, c'est-à-dire si la terre lui livrait passage aussi bien que le fait l'air, sa vitesse irait continuellement croissant jusqu'au centre du monde, où il se reposerait (suivant l'opinion commune des philosophes) ;en sorte que, quand ledit corps serait près dudit point central, il serait animé d'une vitesse plus grande qu'en aucun des points par lesquels il aurait passé conformément à l'énoncé de notre proposition. Il arrive donc ici précisément ce qui arrive à un voyageur dont la marche s'accélère d'autant plus qu'il s'approche davantage du lieu vers lequel ses désirs le portent, et chez qui cet effet est d'autant plus marqué qu'il vient de plus loin. Un corps grave sous ce rapport est un voyageur qui tend toujours vers son pays, le centre de la terre, et qui se porte vers lui avec d'autant plus de vitesse qu'il a déjà fait plus de chemin pour s'en rapprocher.

Nous venons de rappeler que l'opinion d'un grand nombre était que s'il existait un canal percé d'outre en outre à travers la terre et passant par son centre, dans lequel pourrait se mouvoir un corps uniformément grave, de la manière qu'on l'a expliqué ci-dessus, ce corps s'arrêterait tout à coup en arrivant au centre du monde. Mais cette opinion, suivant moi, n'est pas exacte. Bien loin de s'arrêter tout à coup en arrivant au centre, le mobile, animé qu'il serait d'une grande vitesse, dépasserait ce point, comme lancé d'un mouvement violent (1), et se dirigeant vers le ciel de l'hémisphère opposé au nôtre, pour ensuite revenir vers le même centre, le dépasser de nouveau quand il y serait arrivé en vertu d'un mouvement violent qui cette fois le porterait vers nous, de là il recommencerait encore à se mouvoir d'un mouvement naturel vers le même centre, le dépasserait encore par un mouvement violent, reviendrait d'un mouvement naturel pour le dépasser encore une fois dans notre hémisphère, et ainsi de suite, en diminuant graduellement de vitesse, jusqu'à ce qu'enfin il s'arrêterait en effet au centre de la terre (2).

Ce que nous venons de dire nous prouve que le mouvement naturel peut bien donner lieu au mouvement violent, tandis que jamais le mouvement violent ne peut donner naissance au mouvement naturel : ce dernier ne peut naître que spontanément.

---

(1) Voilà donc bien la notion générale de la vitesse acquise dans le mouvement accéléré des corps pesants parfaitement établie dans Tartaglia. Il ne lui manquait que d'en donner la mesure. Cette gloire était réservée à Galilée. (*Note du traducteur.*)

(2) Pourquoi ce mouvement s'arrêterait-il ? Tartaglia ne le dit pas. Aurait-il cru à une autre cause que la résistance du milieu? ou n'osait-il pas peut-être énoncer cette résistance, dans la crainte d'infirmer tous ses résultats? (*Note du traducteur.*)

COROLLAIRE 1er.

Il résulte encore de la proposition précédente, que tout corps uniformément grave, se mouvant du mouvement naturel, a sa moindre vitesse au commencement et sa plus grande vitesse à la fin de son trajet, en sorte que plus le chemin parcouru par lui est considérable, plus la vitesse acquise à la fin l'est aussi.

COROLLAIRE 2e.

Une autre conséquence encore à tirer de la proposition précédente, c'est qu'un corps uniformément grave, se mouvant d'un mouvement naturel, ne saurait avoir la même vitesse en deux instants ou deux points différents de son trajet.

PROPOSITION DEUXIÈME.

Tous les corps uniformément graves, semblables et égaux, qui se meuvent d'un mouvement naturel, sont animés d'une même vitesse à l'origine de leur mouvement; mais, arrivés à la fin, celui qui aura parcouru le plus grand espace aura acquis plus de vitesse (1).

Considérons quatre hauteurs différentes, A, B, C, D, disposées deux à deux sur une même verticale, comme l'indique la figure 5, et supposons qu'il y ait autant de diffé-

---

(1) La démonstration ci-après de cette proposition est toute géométrique, de même que celle de la première proposition; mais comme elle aussi elle s'appuie sur des hypothèses et des idées reçues instinctivement. (*Note du traducteur.*)

rence de la hauteur A à la hauteur B que de la hauteur C à la hauteur D; enfin supposons encore qu'un corps uniformément pesant vienne à tomber naturellement de la hauteur A, et qu'en même temps un autre corps uniformément pesant, égal en tout au premier, tombe aussi naturellement de la hauteur C. On sait que ces deux corps se porteront d'un mouvement naturel vers la terre, et que leurs trajets se feront en lignes droites et verticalement, c'est-à-dire suivant des lignes telles que GF et IE. Maintenant je dis que ces deux corps auront une même vitesse au moment de se mettre en mouvement, c'est-à-dire l'un à l'instant ou point G, et l'autre à l'instant ou point I; mais que, arrivés à la fin de leur parcours, c'est-à-dire aux deux instants E et F, celui qui sera parti de la hauteur A aura plus de vitesse que l'autre, par cela seul qu'il aura parcouru un plus grand espace, qui est l'espace AF. En effet, par supposition, la hauteur B est autant éloignée de la hauteur A que la hauteur D l'est par rapport à la hauteur C; par conséquent, le corps tombé de la hauteur A venant à frapper un obstacle placé sur son chemin à la hauteur B, ne le ferait pas (en vertu de la *deuxième idée reçue*) avec plus de force que ne le ferait le corps parti de C et rencontrant un obstacle placé en D. Donc, conformément à la *troisième hypothèse*, les deux corps précités auront la même vitesse au moment de passer, l'un par le point H situé à la hauteur B, l'autre par le point K situé à la hauteur D; en sorte qu'ils auront parcouru dans le même temps, l'un l'espace GH, et l'autre l'espace égal IK. Il est donc vrai de dire, conformément à la première partie de la proposition, que les deux corps commenceront leur trajet avec des vitesses égales, c'est-à-dire, l'un en partant de l'instant G et l'autre en partant de l'instant I. En outre, attendu que le corps parti de la hauteur A ferait plus d'effet sur un obstacle placé en F (en vertu de la *troisième idée reçue*) que le corps parti de C n'en ferait sur un obstacle semblable placé en E, il s'ensuit (par la *première hypothèse*) que ledit corps, parvenu de A au terme de son mouvement (c'est-à-dire à l'instant ou point F) aurait alors plus de vitesse que celui qui, parti de la hauteur C, arriverait aussi au terme de son mouvement (c'est-à-dire à l'instant ou point E), ce qui est la deuxième partie de la proposition qu'il s'agissait de démontrer. On peut encore démontrer cette seconde partie de la proposition de la manière suivante. De la ligne entière GF, représentant le plus grand des deux trajets, retranchons la partie GM égale à la longueur du plus petit trajet IE (suivant la 3e du 1er d'Euclide); cela fait, nous dirons : puisque tous les corps uniformément graves, semblables et égaux, ont dans le commencement de leurs mouvements des vitesses égales, ainsi que nous venons de le démontrer, le corps parti de la hauteur A parcourra l'espace GM avec la même vitesse que le corps parti de C parcourra l'espace IE, c'est-à-dire que tous les deux mettront le même temps à parcourir ces espaces. Et comme ledit corps, parti de la hauteur A, aura plus de vitesse, en vertu de la proposition précédente, en parcourant l'espace ME qu'il n'en avait en parcourant l'espace GM, il est évident qu'il aura aussi plus de vitesse en parcourant cet espace ME que n'en avait l'autre en parcourant son trajet IE.

PROPOSITION TROISIÈME.

Dans le mouvement violent de corps uniformément graves, plus le mobile s'éloigne de son point de départ, ou approche du terme de son mouvement, plus sa vitesse diminue.

Expliquons-nous d'abord par un exemple, et pour cela supposons qu'il y ait au point A de la figure 6 une force mouvante avec laquelle on voulût, on dût lancer un corps uniformément grave à travers l'air, d'un mouvement violent, et que le trajet entier que pût ou que dût faire parcourir au corps ladite force fût la ligne entièreAB. Je dis que, dans ce cas, plus le corps ira en s'éloignant de son point de départ, ou de l'instant A, autrement dit, que plus il ira en s'approchant de son terme, ou de l'instant B, plus aussi sa vitesse ira en s'affaiblissant, ce que l'on peut démontrer de la manière suivante. Divisons la ligne entière du trajet AB en plusieurs parties, telles que BC, CD, DE, EF, FG, GH et HA; cela posé, attendu que (par la *quatrième idée reçue*) le corps ferait plus d'effet contre un obstacle placé en C qu'il n'en ferait contre le même obstacle supposé placé en B, il s'ensuit (en vertu de la *première hypothèse*) que ce corps aura plus de vitesse au point C qu'au point B, et par suite dans tout l'espace DC que dans tout l'espace CB. Le même raisonnement prouve que le corps parcourra l'espace ED avec plus de vitesse que l'espace CD, l'espace FE que l'espace ED, l'espace FG que l'espace FE, l'espace HG que l'espace GF, l'espace AH que l'espace HG, et enfin que si l'origine du mouvement était plus éloignée encore du point d'arrivée, plus il y aurait de ces espaces, plus la vitesse irait en augmentant; ce qui est la proposition qu'il fallait démontrer. Cette proposition peut être rendue sensible par une comparaison, en supposant quelqu'un que l'on mène violemment vers un lieu redouté. Plus il approche de ce lieu, plus son esprit s'attriste, et plus aussi il cherche à retarder le moment d'y arriver.

COROLLAIRE 1er.

On voit par cette proposition qu'un corps uniformément grave, mû d'un mouvement violent, a son maximum de vitesse à son point de départ et son minimum à la fin ; on voit en outre que plus il aura de chemin à parcourir pour arriver à la fin de son parcours, plus il devra avoir de vitesse au commencement.

COROLLAIRE 2e.

On peut encore conclure de la proposition, qu'un corps uniformément grave, mû d'un mouvement violent, ne saurait avoir le même degré de vitesse en deux instants ou deux points différents de son trajet.

PROPOSITION QUATRIÈME.

Les corps uniformément graves, semblables et égaux, sont tous animés d'une même vitesse en arrivant à la fin de leur mouvement violent; mais, au commencement de ce même mouvement, le corps qui aura le plus long trajet à faire sera animé de plus de vitesse.

Supposons, par exemple, que deux forces mouvantes différentes et inégales, agissant l'une au point A, l'autre au point C (fig. 7), soient employées à projeter violemment à travers l'air deux corps uniformément graves, semblables et égaux, et que les deux lignes AB et CD représentent les deux trajets parcourus par les deux corps en vertu de ces deux impulsions. Je dis que ces deux corps, en arrivant à la fin de leurs mouvements violents respectifs, c'est-à-dire l'un à l'instant ou point B, et l'autre à l'instant ou point D, auront la même vitesse ; mais qu'au commencement de ces deux mêmes mouvements violents, c'est-à-dire, pour l'un à l'instant A, et pour l'autre à l'instant C, ils devront avoir des vitesses différentes, et que celui qui aura à parcourir le plus long trajet, ou espace AB, devra avoir à l'instant A plus de vitesse que n'en aura besoin l'autre au point C. Cette proposition se démontre de la manière suivante. Si les deux mobiles, en arrivant l'un en B, l'autre en D, rencontraient en ces points des obstacles semblables et égaux, ils feraient sur eux (par la *cinquième hypothèse*) des effets égaux ; ce qui (en vertu de la *troisième hypothèse*) revient à dire qu'ils seraient animés de vitesses égales, et prouve par conséquent déjà le premier point de la proposition. Pour démontrer maintenant le second, du plus grand des deux trajets, ou de la ligne AB, retranchons par la pensée la partie BK égale au plus petit trajet ou à la ligne CD; cela fait, nous dirons : puisque les deux corps, en arrivant aux deux instants D et B, auront la même vitesse ainsi qu'on vient à l'instant de le démontrer, il faut admettre (par la *seconde hypothèse*) qu'ils auront parcouru avec des vitesses égales des espaces égaux à partir des deux points en question B et D. Ainsi les deux corps auront parcouru avec des vitesses égales, l'un l'espace KB qui n'est qu'une partie de son trajet total, l'autre l'espace CD ou la totalité de son trajet. Autrement dit, ils auront traversé ces espaces dans des temps égaux. Or, attendu que par la troisième proposition un corps grave, mû d'un mouvement violent, perd de plus en plus de sa vitesse à mesure qu'il s'éloigne de son point de départ, il s'ensuit que le corps venu du point A sera animé d'une plus grande vitesse en parcourant l'espace AK, qu'en aucun des points de la partie KB de son trajet ; d'où il suit évidemment que le corps parti du point A aura dans tout l'espace AK une plus grande vitesse que celle du corps parti du point C dans aucun des points de son trajet total CD, ce qui prouve également que le corps parti de l'instant ou point A avait en ce point une plus grande vitesse que n'en avait le corps parti du point C en ce même point C.

PROPOSITION CINQUIÈME.

Un corps uniformément grave ne saurait à aucun instant, ou en aucun point de son trajet, être animé d'un mouvement composé à la fois du mouvement naturel et du mouvement violent (1).

Pour nous expliquer d'abord par un exemple, soit (fig. 8) une force mouvante agissant en A sur un corps uniformé-

---

(1) Le faux raisonnement employé par Tartaglia pour soutenir une telle proposition est vraiment inconcevable de la part d'un esprit aussi géométrique que le sien. Il faut que sa prévention pour la théorie qu'il avait adoptée ait été bien forte, ou il faut reconnaître que Tartaglia, absorbé par ses études de cabinet, était bien peu au courant de la vie positive; que non-seulement il n'était nullement physicien, mais nullement doué de l'esprit d'observation. Deux ans après la publication de son ouvrage (ou du moins de la partie qui nous occupe), il défendait encore cette singulière erreur contre les critiques de Cardan. Cependant nous le verrons bientôt, dans le second livre du présent ouvrage (voir page 48), reconnaître que la pesanteur ne cesse pas un seul instant d'agir sur les corps et de les solliciter vers le centre de la terre. Ce second livre n'aurait-il été imprimé pour la première fois, que postérieurement au premier? Ce qu'il y a de certain, c'est que le livre III, dans l'exemplaire italien qui nous sert de guide, porte à la fin la date de 1550; en outre les *Quesiti et Inventioni diverse*, où Tartaglia reproduit ces mêmes idées saines et les démontre, n'ont été publiés qu'en 1546. (*Note du traducteur*.)

ment grave, et le projetant violemment à travers l'air. Représentons par la ligne ABCDEF le trajet total que devra parcourir ce corps en vertu de cette impulsion. Je dis que ce corps ne parcourra aucune partie de ce trajet d'un mouvement naturel et d'un mouvement violent mêlés ensemble, mais qu'il le parcourra ou totalement d'un mouvement violent pur, ou partie d'un mouvement violent pur, et partie d'un mouvement naturel pur. Je dis de plus que l'instant qui répondra à la fin de son mouvement violent sera précisément celui qui répondra à l'origine du mouvement naturel, et j'ajoute que s'il était possible qu'aucune partie du trajet fût parcourue d'un mouvement violent et naturel tout à la fois, ce serait la partie CD. Il arriverait donc que le corps passant du point C au point D augmenterait de vitesse en tant qu'animé du mouvement naturel (en vertu de la première proposition), et qu'en même temps il diminuerait de vitesse, en tant que participant du mouvement violent (troisième proposition) ; chose absurde, puisqu'un corps ne peut avoir tout à la fois une vitesse croissante et une vitesse décroissante. L'objection ainsi détruite, reste la proposition.

PROPOSITION SIXIÈME.

Dans le mouvement d'un corps uniformément grave lancé à travers l'air, le point qui sépare le trajet dû au mouvement violent du trajet dû au mouvement naturel est celui où le corps agira avec le moins de force contre un obstacle qui viendrait à lui être opposé.

Soit, par exemple (fig. 8), une *force mouvante,* agissant en A contre un corps uniformément grave, et ABCDEF le trajet total produit par cette projection ; soit en outre D le point ou l'instant qui sépare le mouvement violent du mouvement naturel. Je dis que ce point est celui de tout le trajet où un obstacle résistant aura le moins à souffrir du choc du corps. En effet, le corps aura au point D une vitesse moindre qu'en aucun autre point du mouvement violent ABCD (coroll. 1er de la troisième proposition). C'est donc en ce point de cette partie du trajet qu'il fera le moindre effet. D'un autre côté, le point D est celui de tout le trajet DEF, parcouru d'un mouvement naturel, où le corps a la moindre vitesse (coroll. 1er de la première proposition). C'est donc aussi pour cette partie du mouvement celui où l'effet du corps sera le moindre. Par conséquent, si l'obstacle était frappé au point C ou au point E par le corps en mouvement, il en serait frappé plus violemment qu'au point D, attendu qu'au point C du mouvement violent et au point E du mouvement naturel le corps est animé de plus de vitesse qu'au point D.

FIN DU LIVRE PREMIER.

LA SCIENCE NOUVELLE

DE NICOLAS TARTAGLIA.

LIVRE SECOND.

DÉFINITION PREMIÈRE.

Le mouvement des corps uniformément pesants est dit droit ou rectiligne lorsqu'il a lieu d'un point à un autre suivant une ligne droite.

Tel serait, par exemple, celui d'un corps qui irait du point *a* au point *b*, en suivant la ligne droite *ab* (fig. 9).

DÉFINITION DEUXIÈME.

Le mouvement des corps uniformément graves est dit curviligne lorsqu'il a lieu d'un point à un autre en suivant une ligne courbe.

Tel serait, par exemple, celui d'un corps qui irait du point *c* au point *d*, en suivant la ligne courbe *cd* (fig. 10).

DÉFINITION TROISIÈME.

Le mouvement d'un corps uniformément grave est en partie rectiligne et en partie curviligne lorsqu'une portion du trajet a lieu en ligne droite, et que l'autre a lieu en ligne courbe; autrement dit, lorsque le trajet du corps d'un point à un autre est en partie rectiligne et en partie curviligne.

Tel serait, par exemple, le mouvement d'un corps qui irait du point *e* au point *g* (fig. 11), en suivant la ligne *efg*, sous-entendant toutefois que les deux portions *ef* et *fg* de ce mouvement, la première rectiligne et la deuxième curviligne, se raccordent directement, c'est-à-dire sans former aucun angle entre elles au point *f*; car si elles formaient un angle en ce point, on ne pourrait pas dire qu'elles fussent les deux parties d'un mouvement continu, mais elles constitueraient deux mouvements distincts. On ne pourrait pas dire non plus dans ce cas que la quantité entière *efg* fût une seule et même ligne; elle serait en réalité composée de deux lignes distinctes, l'une droite et l'autre courbe. C'est ce qu'il était nécessaire de bien établir.

DÉFINITION QUATRIÈME.

On appelle horizon le plan circulaire qui non-seulement sépare l'hémisphère supérieur du monde de l'hémisphère inférieur, mais qui de plus divise en deux parties égales tout corps uniformément grave qui doit être projeté ou tiré violemment à travers l'air. Ce plan circulaire est concentrique avec ledit corps.

DÉFINITION CINQUIÈME.

On donne le nom de demi-diamètre de l'horizon à la ligne droite qui, partant du centre de ce plan circulaire, va se terminer à sa circonférence en se dirigeant du côté où un corps uniformément grave doit être tiré violemment à travers l'air.

DÉFINITION SIXIÈME.

On appelle perpendiculaire à l'horizon la ligne qui, partant du pôle de ce cercle (point qu'on nomme le zénith), tombe perpendiculairement sur son centre, et qui, prolongée en dessous, passerait par le centre du monde (1).

DÉFINITION SEPTIÈME.

La partie de cette ligne qui va du centre de l'horizon à son pôle est dite perpendiculaire au-dessus de l'horizon; l'autre, au contraire, qui s'étend du centre de l'horizon au centre du monde, porte le nom de perpendiculaire au-dessous de l'horizon.

DÉFINITION HUITIÈME.

On dit du trajet ou du mouvement violent d'un corps uniformément grave, qu'il a lieu dans le plan de l'horizon, lorsque dans son commencement il s'étend en partie suivant le demi-diamètre de l'horizon.

DÉFINITION NEUVIÈME.

On dit au contraire que le trajet ou mouvement violent d'un

---

(1) Les termes de cette sixième définition nous font voir que non-seulement au temps de Tartaglia le mot *vertical* pour désigner la perpendiculaire à l'horizon n'était pas en usage, mais que le centre de la terre était regardé comme le centre du monde. (*Note du traducteur.*)

corps uniformément pesant est élevé au-dessus de l'horizon, lorsque dans son origine il s'étend de manière à former un angle aigu avec le demi-diamètre de l'horizon, au-dessus de cet horizon, et l'on dit qu'il est d'autant plus élevé que l'angle aigu dont on vient de parler est plus considérable. Si cet angle devient tout à fait droit, on dit alors que le mouvement est droit (retto) *par rapport à l'horizon.*

DÉFINITION DIXIÈME.

Lorsque le trajet ou le mouvement violent d'un corps uniformément grave est dirigé dans son commencement de manière à partager en deux parties égales l'angle droit formé par la perpendiculaire à l'horizon avec le demi-diamètre de cet horizon, on dit qu'il est élevé sous l'angle de 45 *degrés.*

DÉFINITION ONZIÈME.

Le trajet ou mouvement violent d'un corps uniformément grave est dit oblique (oblique) *au-dessous de l'horizon, lorsqu'il s'étend à son origine de manière à former un angle aigu avec le demi-diamètre de l'horizon, en dessous de cet horizon, et l'on dit qu'il est d'autant plus oblique que l'angle aigu ainsi formé est plus grand. Toutefois, quand l'angle devient droit, on dit alors que le mouvement est droit* (retto) *en dessous de l'horizon.*

DÉFINITION DOUZIÈME.

Les trajets ou mouvements violents de corps uniformément graves sont dits également élevés au-dessus de l'horizon, lorsque dans leur origine ils s'étendent de manière à former des angles aigus égaux avec le demi-diamètre de l'horizon, au-dessus de cet horizon. On dit de même que ces trajets sont également obliques (obliqui), *lorsque dans leur origine ils forment des angles aigus égaux avec le demi-diamètre de l'horizon, en dessous de cet horizon.*

DÉFINITION TREIZIÈME.

On dit que le trajet ou le mouvement violent d'un corps uniformément grave a lieu suivant la perpendiculaire à l'horizon, lorsque son commencement et sa fin sont l'un et l'autre dirigés suivant cette perpendiculaire, c'est-à-dire lorsqu'il est droit par rapport à l'horizon, soit en dessus, soit en dessous.

DÉFINITION QUATORZIÈME.

La portée (distantia) *du trajet ou mouvement violent d'un corps uniformément grave est l'intervalle rectiligne qui existe entre l'origine et la fin de ce mouvement.*

HYPOTHÈSE Ire.

Tous les trajets ou mouvements naturels de corps uniformément graves sont parallèles entre eux et à la perpendiculaire à l'horiz .

A vrai dire, deux trajets ou mouvements naturels de corps uniformément graves ne peuvent jamais être rigoureusement parallèles entre eux ou à la perpendiculaire à l'horizon : car si la terre pouvait leur livrer un libre passage, à l'instar de l'air, il n'y a pas de doute que l'un et l'autre ne concourussent au centre du monde. Donc (en vertu de la dernière définition du 1er d'Euclide) ils ne seraient point, comme je l'ai dit, parallèles entre eux. Néanmoins, à cause que l'erreur commise, quand on considère des lieux peu distants l'un de l'autre, est tout à fait imperceptible, nous les supposons tout à fait parallèles entre eux, ainsi qu'à la perpendiculaire à l'horizon.

HYPOTHÈSE IIe.

Tout trajet ou mouvement violent d'un corps uniformément grave qui a lieu en dehors de la perpendiculaire à l'horizon est toujours nécessairement en partie rectiligne et en partie curviligne, et la courbe de cette dernière est une portion de circonférence de cercle.

Rigoureusement parlant, aucune partie du trajet ou du mouvement violent d'un corps uniformément grave, dirigé en dehors de la perpendiculaire à l'horizon, ne saurait être parfaitement rectiligne, à cause de la pesanteur inhérente à ce corps, laquelle le sollicite continuellement à se rapprocher du centre du monde. Malgré cela, nous supposons rectiligne la partie de ce mouvement dont la courbure est insensible, et de plus nous admettons que la partie qui est manifestement courbe est une portion de circonférence de cercle, parce que la différence est peu sensible.

HYPOTHÈSE IIIe.

Tout corps uniformément grave, lancé d'un mouvement violent suivant une direction autre que la perpendiculaire à l'horizon, finit par se mouvoir d'un mouvement naturel dont la direction est tangente à la partie courbe du mouvement violent.

Par exemple, si un corps uniformément grave est projeté

ou tiré violemment à travers l'air, en dehors de la perpendiculaire à l'horizon, je dis qu'à la fin de ce mouvement violent le corps (s'il ne rencontre point d'obstacle) se mouvra d'un mouvement naturel, et que la direction de ce mouvement sera tangentielle à la courbe du mouvement violent, ainsi que le représente la ligne ABCD de la figure 8, dans laquelle la partie ABCD représente la totalité du mouvement violent, et la partie CD le mouvement naturel, qui sera continu et tangent (*contigente*) à la partie courbe BC au point C. Ce que nous voulions établir.

HYPOTHÈSE IVe.

La plus grande distance à laquelle un corps uniformément grave puisse être porté d'un mouvement violent dû à une force de projection déterminée, sur un plan ou une ligne droite déterminée partant de l'origine de ce mouvement, est celle qui répond au plan ou à la ligne droite qui passe par le point où se termine le mouvement violent.

Soit, par exemple (fig. 12), une force de projection agissant au point A, ayant servi à lancer violemment à travers l'air un corps uniformément grave B, qui a suivi la route indiquée par la ligne AEDB, dans laquelle nous supposerons que le point *d* est celui qui sépare le mouvement violent ACD du mouvement naturel DB; soit menée du point A au point D la ligne droite ADC; je dis que le point D est l'effet le plus éloigné du point A que ledit corps B puisse produire sur la droite ADC ou sur le plan dans lequel est située cette droite, dont l'élévation au-dessus de l'horizon est déterminée par la condition précitée ; car si la même force de projection A eût projeté le même corps B sous une plus grande élévation au-dessus de l'horizon, ce corps B eût produit son effet sur la ligne ADC dans son mouvement naturel, comme on le voit dans la ligne AFG au point G qui représente cet effet. Or je dis que ce point G est plus rapproché du point A, ou de l'origine du mouvement, que ne l'est le point D, par cela seul que ledit corps B ne terminerait pas son mouvement violent dans la ligne ADC, mais le terminerait au-dessus de cette ligne, dans quelque point F, et que plus l'élévation sous laquelle le corps B aurait été ainsi tiré serait grande, plus son effet sur la ligne ADC se rapprocherait du point A, parce que dans ce cas le point où se terminerait le mouvement violent du corps B s'éloignerait de plus en plus de la ligne ADC, ou répondrait à un point plus élevé. Pareillement si la même force de projection eût lancé le même corps B sous un angle moindre que celui que fait la ligne AED, par exemple sous un angle tel que celui que fait la ligne AIHK, l'effet du mouvement violent d'un corps sur la ligne ADC aurait alors lieu en H; et je dis encore que ce point serait plus rapproché du point A que le point D, par la raison que la fin du mouvement violent dont il s'agit ici aurait lieu en dessous de la ligne ADC, en quelque point tel que K, et plus la projection aurait eu lieu en dessous de AEDB, plus l'effet du corps B sous la ligne ADC se rapprocherait du point A, parce qu'alors le mouvement violent se terminerait de plus en plus bas par rapport à ladite ligne ADC.

Tout ce que nous venons de dire à l'égard du tir suivant la ligne AEDB et à son effet sur la ligne droite ADC, doit s'entendre également pour toute autre espèce de tir. Ainsi, par exemple si du point A au point F (fin du mouvement violent suivant la courbe AFB) on tire la ligne droite AFL, je dis que le corps B, tiré de toute autre manière par la même force de projection, ne saurait jamais atteindre le point F, ainsi qu'on le voit en considérant le tir par la ligne AEDB, lequel coupe la droite AFL au point M, qui est beaucoup plus rapproché du point A que le point F. De même encore, en menant une ligne droite AKN du point A au point K (terme du mouvement violent AIK), je dis que le corps B projeté de toute autre manière par la même force ne pourrait jamais toucher la ligne AKN en un point aussi éloigné de A que n'est le point K; et c'est ce que font voir dans la figure les deux autres tirs supérieurs qui rencontrent la droite AKN dans leur mouvement naturel aux deux points O et P, dont chacun est plus rapproché du point A que ne l'est le point K. Tel est le point que nous voulions établir dans la présente hypothèse.

PROPOSITION PREMIÈRE.

Les quatre angles de tout quadrilatère rectiligne font ensemble quatre angles droits.

Soit le quadrilatère ABCD (fig. 13), je dis que la somme de ses quatre angles est égale à quatre angles droits. En effet, menons la diagonale DB, elle le partagera en deux triangles, et les trois angles de chacun de ces triangles seront égaux à deux angles droits (en vertu de la seconde partie de la 32e du 1er d'Euclide). Ainsi la somme des six angles des deux triangles précités sera égale à quatre angles droits. Or ces six angles des deux triangles sont égaux aux quatre angles du quadrilatère proposé. En effet, l'angle ABD du triangle ABD, plus l'angle DBC du triangle DBC valent ensemble l'angle entier ABC du quadrilatère; et de même les deux autres, qui se réunissent au point D, font ensemble l'angle entier ADC du quadrilatère, et enfin les deux angles restants A et C sont communs à la fois aux triangles et au quadrilatère. De là suit manifestement la vérité de notre proposition.

PROPOSITION DEUXIÈME.

Si du centre d'un cercle on mène deux lignes droites à la circonférence, le rapport entre la circonférence entière et l'arc intercepté par les deux lignes sera le même que celui de quatre angles droits à l'angle au centre formé par les deux mêmes lignes.

Soit le cercle ABC (fig. 14) dont le centre est le point D, et soient menées les deux lignes DA et DB. Je dis qu'il y a le même rapport entre la circonférence entière du cercle et l'arc AB intercepté par les deux lignes en question qu'entre quatre angles droits et l'angle ADB. Pour le démontrer, je prolonge l'une des deux lignes, par exemple AD, de l'autre côté du centre jusqu'à la circonférence en E. En vertu de la dernière du 6e d'Euclide, le rapport de l'arc EB à l'arc AB est le même que celui de l'angle EDB à l'angle BDA, et de plus (par la 18e du 5e d'Euclide) la somme des deux arcs EB, BA, ou l'arc entier EBA, sera à l'arc BA comme la somme des deux angles EDB, BDA est à l'angle BDA. Or l'arc EBA est égal à la demi-circonférence du cercle entier; et de plus la somme des deux angles EDB, BDA (par la 13e du 1er d'Euclide) est égale à deux angles droits. Il suit de là que la demi-circonférence du cercle est à l'arc BA comme deux angles droits sont à l'angle BDA. Et comme la circonférence entière est à sa moitié, ou à l'arc EBA, comme quatre angles droits sont à deux angles droits, il en résulte (par la 22e du 5e d'Euclide) que la circonférence entière du cercle est à l'arc AB comme quatre angles droits sont à l'angle BDA; ce qu'il fallait démontrer.

PROPOSITION TROISIÈME.

Lorsque deux lignes droites partant d'un même point sont toutes deux tangentes à un même cercle, si l'une d'elles est prolongée au delà du sommet de l'angle qu'elles forment entre elles, la circonférence du cercle sera à l'arc intercepté par les deux tangentes dans le rapport de quatre angles droits à l'angle extérieur formé par l'une des tangentes et le prolongement de l'autre.

Soient (fig. 15) les deux lignes AB et BC qui se coupent en B, et qui contiennent entre elles le cercle DEFG qu'elles touchent aux deux points D et F ; prolongeons l'une d'elles FB au delà du point B jusqu'en H. Je dis que la circonférence du cercle sera à l'arc DEF dans le même rapport que quatre angles droits à l'angle DBH. Pour cela, du centre du cercle, que je suppose être le point K, je mène les deux lignes KD et KF. En vertu de notre première proposition, les quatre angles du quadrilatère BDKF sont égaux à quatre angles droits, et, attendu que chacun des deux angles KDB et KFB est droit (par le corollaire de la 15e du 3e d'Euclide), il s'ensuit que les deux autres angles ensemble, savoir DBF et FKD, font ensemble deux angles droits. D'un autre côté, par la 13e du 1er d'Euclide, les deux angles DBF et DBH font aussi ensemble deux angles droits ; donc (en vertu du 1er axiome [*conceptione*] du 1er d'Euclide) les deux angles DBF et DBH sont égaux aux deux angles DBF et DKF. Retranchant de part et d'autre l'angle commun DBF, il restera par le troisième axiome du premier d'Euclide, l'angle DBH égal à l'angle DKF. De là, en vertu de la septième proposition du cinquième d'Euclide, quatre angles droits seront à chacun des deux dans le même rapport, et le rapport de quatre angles droits à l'angle DKF sera égal à celui de la circonférence du cercle à l'arc DEF. Donc (en vertu de la onzième du cinquième d'Euclide) la circonférence du cercle sera à l'arc DEF comme quatre angles droits sont à l'angle extérieur DBH. Ce qu'il fallait démontrer.

PROPOSITION QUATRIÈME.

Lorsqu'un corps uniformément grave est projeté suivant le plan de l'horizon, la partie courbe de son trajet ou mouvement violent, est le quart de la circonférence du cercle dont elle dérive.

Soit AB (fig. 16) le demi-diamètre du plan de l'horizon, et CAD la perpendiculaire à l'horizon ; soit en outre AEF le trajet violent d'un corps uniformément grave, l'arc EF représentant la partie courbe de ce trajet, et la partie FG étant la portion de ce même trajet qui est faite du mouvement naturel du corps projeté. Je dis que la partie courbe EF est le quart de la circonférence du cercle dont elle dérive. Pour le prouver, je prolonge le trajet naturel GF jusqu'à la rencontre du demi-diamètre de l'horizon au point H. Cela posé, attendu que par la première hypothèse ci-dessus le trajet FGH est parallèle à la perpendiculaire CAD, il s'ensuit (en vertu de la première partie de la vingt-neuvième du premier d'Euclide) que l'angle FHA est égal à l'angle HAC qui est droit. Donc l'angle extérieur FHB (en vertu de la treizième du premier d'Euclide) sera droit, en sorte que 4 angles droits sont 4 fois cet angle extérieur, et que par suite la circonférence du cercle dont dérive ladite partie courbe EF est (en vertu de la troisième proposition précédente) quadruple dudit arc EF. Donc cet arc EF est le quart de la circonférence du cercle dont il dérive. Ce qu'il fallait démontrer.

PROPOSITION CINQUIÈME.

Lorsque le trajet, ou mouvement violent d'un corps uniformément grave, est élevé au-dessus de l'horizon, sa partie courbe est plus grande que le quart de la circonférence du cercle dont elle dérive; et la quantité dont elle surpasse ce quart de la circonférence est d'autant plus considérable que l'angle d'élévation est plus grand, sans que toutefois elle puisse jamais atteindre à la demi-circonférence.

Soit AB (fig. 17) le demi-diamètre du plan de l'horizon, et CAD la perpendiculaire à cet horizon ; soit en outre AEF le trajet violent d'un corps uniformément pesant, EF sa partie courbe, enfin FG le trajet fait d'un mouvement naturel. Je dis que l'arc EF est plus grand que le quart de la circonférence du cercle dont il dérive. En effet, prolongeons le trajet naturel FG ainsi que la partie rectiligne AE du mouvement violent jusqu'à leur rencontre mutuelle en un point H, et prolongeant en outre FA jusqu'en K, pour former l'angle extérieur EHK. Cela posé, attendu que l'angle FHE est égal (en vertu de la première partie de la vingt-neuvième du premier d'Euclide) à l'angle EAC, et que l'angle EAC (en vertu du dernier axiome du premier d'Euclide) est moindre qu'un angle droit, il s'ensuit que l'angle extérieur EHK (en vertu de la treizième du premier d'Euclide) sera plus grand qu'un angle droit, et par suite (en vertu de la deuxième partie de la huitième du cinquième d'Euclide), 4 angles droits seront moindres que 4 fois cet angle extérieur. Pareillement la circonférence du cercle dont dérive l'arc EF sera à cet arc (en vertu de la troisième proposition ci-dessus) dans un rapport moindre que celui de 4 à 1, et (par la deuxième partie de la dixième du cinquième d'Euclide) l'arc EF sera plus grand que la quatrième partie de la circonférence du cercle dont il dérive ; ce qui est la première partie de la proposition. Maintenant, attendu que plus la partie rectiligne AE sera élevée au-dessus de l'horizon, moins l'angle fait par cette ligne avec la ligne AC sera considérable, et qu'il en est de même de l'angle EHF formé par cette même ligne AE avec la ligne FH, en sorte qu'au contraire l'angle extérieur EHK ira d'autant plus en augmentant, le rapport de 4 angles droits à cet angle ira de plus en plus en diminuant au-dessous du quadruple, et pareillement le rapport de la circonférence du cercle dont l'arc EF dérive à ce même arc ira aussi en diminuant au-dessous du quadruple, en sorte que ledit arc EF (par la deuxième partie de la dixième du cinquième d'Euclide) ira continuellement en augmentant au-dessus du quart de la circonférence; ce qui est la deuxième partie de la proposition. Et comme l'angle extérieur EHK ne peut jamais (en vertu de la première partie de la trente-deuxième du premier d'Euclide, conjointement avec la dix-septième du même) égaler deux angles droits, il s'ensuit que le rapport de 4 angles droits à cet angle extérieur ne peut jamais être celui de 2 à 1, et que par conséquent il en est de même du rapport de la circonférence du cercle dont dérive un arc quelconque, ou la partie courbe d'un mouvement violent à ce même arc ou partie courbe. Ainsi donc ledit arc, ou ladite partie courbe, ne pourra jamais être égal à la demi-circonférence du cercle dont il dérive ; ce qui est la troisième partie de la proposition.

PROPOSITION SIXIÈME.

Lorsqu'un corps uniformément grave est projeté obliquement

au-dessous de l'horizon, la partie courbe du trajet ou mouvement violent est moindre que le quart de la circonférence du cercle dont elle dérive, et d'autant moindre que l'obliquité du tir est plus grande.

Soit (fig. 18) AB le demi-diamètre de l'horizon et CAD la perpendiculaire à cet horizon ; et soit le trajet violent d'un corps uniformément grave représenté par la ligne AEF dont la partie courbe est l'arc EF, et la ligne FG la partie faite en vertu du mouvement naturel. Je dis que l'arc EF sera moindre que le quart de la circonférence du cercle dont il dérive. Je prolonge le trajet naturel FG, ainsi que la partie droite AE, jusqu'à ce qu'elles se rencontrent en un point H, et je prolonge FH jusqu'en K pour former l'angle extérieur EHK. Cela posé, comme l'angle FHE est égal (par la première partie de la vingt-neuvième du premier d'Euclide) à l'angle EAC, et que l'angle EAC (en vertu du dernier axiome du premier d'Euclide) est plus grand qu'un angle droit, c'est-à-dire plus grand que l'angle BAC qui n'en est qu'une partie, il s'ensuit que l'angle EHF sera plus grand qu'un angle droit, et que par conséquent l'angle extérieur EHK (par la treizième du premier d'Euclide) sera moindre qu'un angle droit, et (en vertu de la deuxième partie de la huitième du cinquième d'Euclide) 4 angles droits seront à cet angle dans un plus grand rapport que celui de 4 à 1. Pareillement la circonférence du cercle dont dérive l'arc EF sera à cet arc dans un plus grand rapport que celui de 4 à 1 (en vertu de la troisième proposition ci-dessus), et de plus (par la deuxième partie de la dixième du cinquième d'Euclide) l'arc EF sera moindre que le quart de la circonférence du cercle dont il dérive, ce qui forme la première partie de la proposition. Maintenant il est clair que plus le

tir sera incliné au-dessous de l'horizon, plus l'angle EAC formé par la ligne AE avec la ligne AC sera grand, et qu'il en sera de même de l'angle EHF formé par la ligne FH avec la même ligne AEH. Donc l'angle extérieur EHK ira en diminuant, et le rapport de 4 angles droits à cet angle, en augmentant au-dessus de celui de 4 à 1. Pareillement le rapport de la circonférence du cercle dont l'arc EF dérive, à cet arc, ira de plus en plus en augmentant au delà de celui de 4 à 1, puisque ledit arc (en vertu de la deuxième partie de la dixième du cinquième d'Euclide) ira continuellement en diminuant au-dessous du quart de la circonférence du cercle dont il dérive; ce qui est la deuxième partie de la proposition.

PROPOSITION SEPTIÈME.

Tous les trajets ou mouvements violents de corps uniformément graves, quelle que soit leur étendue, lorsqu'ils ont lieu sous des angles égaux par rapport à l'horizon, sont semblables entre eux, et par conséquent proportionels; et il en est de même de leurs portées.

Soient AB (fig. 19) le demi-diamètre du plan de l'horizon, et CAD la perpendiculaire à l'horizon; soient en outre AEFG, AHIK, deux trajets parcourus par deux corps uniformément graves, projetés sous le même angle au-dessus de l'horizon, trajets dont les deux parties AEF et AHI sont faites du mouvement violent, les deux parties restantes FG, IK, du mouvement naturel; enfin les deux parties AE, AH, rectilignes, et ne formant par conséquent ensemble qu'une seule et même ligne droite AEH, puisqu'elles forment l'une et l'autre un même angle avec la ligne AB. Par le point A menons la ligne AF ; cette ligne, prolongée au delà du point F, passera nécessairement par le point I, parce que les parties rectilignes des trajets ou mouvements violents se confondant dans une même direction, *il doit en être de même de leurs portées; autrement il en résulterait beaucoup d'inconvénients* (*aliter seguiria inconveniente assai*) (1). Maintenant, je dis que le trajet AEF (fait d'un mouvement violent) est semblable au trajet AEHI (également fait d'un mouvement violent), et que par conséquent ces deux trajets sont proportionnels, et qu'il en est de même des portées AF et AI. En effet, je prolonge les deux mouvements naturels, ainsi que la partie rectiligne AEH qui est commune, jusqu'à leurs rencontres mutuelles dans les deux points L et M ; je prolonge en outre les deux mouvements naturels au delà de ces points, jusqu'en N et O, de manière à former les deux angles extérieurs ELN, LMO. Enfin je mène les deux cordes EF et HI des deux parties courbes. Maintenant, puisque les deux trajets naturels GN, KO (en vertu de la première supposition du présent livre) sont parallèles entre eux, il s'ensuit que l'angle ELN (par la deuxième partie de la vingt-neuvième du premier d'Euclide), sera égal à l'angle LMO ; d'où (par la deuxième partie de la septième du cinquième d'Euclide) 4 angles droits auront le même rapport à l'un ou à l'autre de ces deux angles, et pareillement les circonférences de cercle dont les deux arcs EF et HI dérivent, auront aussi respectivement le même rapport à chacun de ces arcs (en

---

(1) On voit qu'il y a là une nouvelle hypothèse introduite presque subrepticement par Tartaglia, et qui s'ajoute à tant d'autres hypothèses gratuites que l'état d'imperfection de la science l'avait forcé d'admettre. (*Note du traducteur.*)

vertu de la troisième proposition ci-dessus). Ainsi donc l'arc EF est semblable à l'arc HI, et il en sera de même de la moitié EP par rapport à la moitié HQ; de là si l'on fait un angle dans chacun de ces arcs, tels que EPF et HQI, ces deux angles (par la réciproque de la dernière définition du troisième d'Euclide) seront égaux entre eux, et par suite l'angle FEA (par la trente unième du troisième d'Euclide) sera égal à l'angle IHE. Donc (par la vingt-huitième du premier d'Euclide) la corde EF sera parallèle à la corde IH, et conséquemment l'angle EFA sera égal (par la deuxième partie de la vingt-neuvième du premier d'Euclide) à l'angle FIH. Donc, les triangles AEF et AHI seront équiangles et partant semblables ; donc il y a proportionnalité entre les parties droites AE, AH, les cordes EF, HI, les portées AF, AI, et les arcs EF, HI ; ce qu'il fallait démontrer. On démontrerait d'une manière tout à fait analogue la similitude des trajets ou mouvements violents faits sous des angles également inclinés au-dessous de l'horizon, ou faits dans le plan même de l'horizon; car toujours les deux angles extérieurs seront égaux, et les arcs ou parties courbes de ces trajets seront semblables comme étant des parties égales de leurs circonférences respectives. Raisonnant ensuite comme on l'a fait ci-dessus, on prouvera qu'il y a proportion entre les parties rectilignes de l'un et de l'autre, les portées correspondantes et les arcs correspondants. Renversant ensuite les termes de la proportion, on arrivera à prouver qu'il existe un même rapport entre la partie rectiligne de l'un des trajets, sa portée et sa partie courbe, qu'entre la partie rectiligne de l'autre trajet, sa portée et sa partie courbe.

PROPOSITION HUITIÈME.

Lorsque des corps uniformément graves, semblables et égaux, sont projetés violemment à travers l'air, par une même force, sous tous les angles possibles, celui d'entre eux qui est lancé sous l'angle de 45 degrés au-dessus de l'horizon produit son effet sur le plan de cet horizon à une distance plus grande du point de départ qu'aucun des autres.

Nous ferons usage, pour démontrer cette proposition, de l'argumentation naturelle que voici : *Toutes les fois qu'une chose passe du petit au grand par tous les états intermédiaires, elle doit nécessairement aussi passer par l'état d'égalité.* Ou bien encore celle-ci : *Là où se rencontrent en même temps l'état maximum et l'état minimum d'une chose quelconque, on rencontre aussi l'état d'égalité de cette chose.* A dire vrai, ces sortes d'argumentations manquent d'exactitude et ne sont point admises par les géomètres, ainsi que le prouve clairement le commentateur d'Euclide sur la 15e et la 30e proposition du 1er livre de cet auteur; néanmoins les conclusions qui s'en déduisent se vérifient toujours lorsqu'il s'agit de choses que l'on ne peut entendre que d'une seule manière, et c'est seulement lorsqu'on les applique à des choses susceptibles d'équivoque qu'elles deviennent parfois mensongères. Ainsi, par exemple, lorsqu'on dit : Il existe une portion de cercle telle que l'angle que l'on y inscrit est moindre qu'un angle droit, et cette portion est plus grande que le demi-cercle (en vertu de la 30e proposition précitée du 3e d'Euclide); pareillement il existe une autre portion dont l'angle inscrit est plus grand que l'angle droit (et celle-là est plus petite que le demi-cercle, toujours en vertu de la 30^e^

précitée du 3e d'Euclide). Donc il serait possible, d'après le système d'argumentation indiqué, de trouver une portion de cercle dont l'angle inscrit serait précisément égal à l'angle droit. Or je dis que dans le cas présent la proposition n'est nullement mensongère, c'est-à-dire qu'il est en effet possible de trouver une portion de cercle dont l'angle inscrit soit exactement égal à un droit, et la raison en est que dans les angles cités il n'y avait lieu à aucune possibilité d'équivoque. Il n'en serait pas de même si l'on eût dit : Il existe une portion de cercle formant un angle moindre que l'angle droit (1) (et c'est la plus petite portion du demi-cercle, par la 30e du 3e d'Euclide). D'un autre côté il existe une autre portion qui forme un angle plus grand que l'angle droit (et celle-là est la plus grande partie du demi-cercle, toujours par la 30e du 3e). Donc, en vertu du raisonnement proposé, il doit exister une portion de cercle qui fasse précisément un angle droit. Dans ce cas je dis que la proposition ou argumentation serait erronée, dans ce sens que l'angle de la portion de cercle n'est pas en réalité univoque avec l'angle droit, attendu que l'angle droit est formé par deux lignes droites, et que l'angle de la portion de cercle l'est par une ligne droite et par une ligne courbe, autrement dit par la corde et par l'arc qu'elle sous-tend.

Malgré cela, notre proposition ou argumentation n'en est pas moins vraie et se vérifie toujours. Celle qui est rigoureusement vraie se vérifie toujours pour les sens et pour l'intelligence à l'égard de l'état moyen de deux choses di-

---

(1) Il faut, d'après ce qui suit, sous-entendre ici les mots *avec une certaine corde*. (*Note du traducteur.*)

verses ou de deux états contraires, tel qu'est le demi-cercle dans l'exemple précité, qui est l'état moyen entre la plus petite et la plus grande de ses deux parties (ainsi que le prouve la 3e du 3e d'Euclide). Mais, de plus, celle-là même qui est mensongère aux yeux de l'intelligence se vérifie encore à l'égard de nos sens en ce qui regarde l'état moyen ou la qualité moyenne, c'est-à-dire le demi-cercle, parce que l'erreur commise est tout à fait imperceptible, qu'aucun de nos sens n'est apte à la constater matériellement, enfin qu'elle ne se manifeste qu'à notre intelligence, et que dans la réalité l'angle formé par la corde et par l'arc du demi-cercle est tellement rapproché d'un angle droit, qu'il serait tout à fait impossible de faire un angle aigu avec des lignes droites qui fût plus près que lui d'égaler un angle droit, ainsi que cela est démontré dans la 15e du 3e d'Euclide. Il suit de là que nos propositions ou systèmes d'argumentation se vérifient toujours, quant à nos sens, pour l'état moyen de deux propriétés ou effets variables, c'est-à-dire pour celui des états qui participe également des deux états opposés. Et afin de ne pas nous borner à un seul exemple, considérons encore la question suivante. Le soleil, en circulant continuellement le long du zodiaque, nous donne tantôt des jours plus longs que les nuits, et tantôt des jours plus courts que les nuits. De là notre système de raisonnement conduit à conclure qu'à une certaine époque, ou en un certain point de son parcours, il doit donner un jour égal en durée à la nuit. Si cette conséquence est rigoureusement vraie, elle se vérifiera à la fois et à nos sens et à l'intelligence pour le moment ou le lieu intermédiaire entre les deux instants ou les deux lieux les plus opposés dans leurs effets. Les deux lieux dont il s'agit, sont l'un le premier degré du Cancer, et l'autre le premier degré du Capricone. Lorsque le soleil entre dans le premier degré du Cancer, il nous donne en effet le jour le plus long par rapport à la nuit, comparativement à tous les autres points de son parcours, et au contraire quand il entre dans le premier degré du Capricorne, le jour est plus petit par rapport à la nuit que dans aucun autre lieu. Les points intermédiaires entre ces deux points extrêmes quant à leurs effets, répondent d'un côté au premier degré du Bélier, et de l'autre au premier degré de la Balance. Maintenant je dis que si même notre argumentation, dans le cas présent, était inexacte géométriquement parlant, elle se vérifierait néanmoins encore quant à nos sens pour les lieux précités, comme en effet nous voyons continuellement que quand le soleil atteint l'un des deux points en question, le jour est égal à la nuit. A la rigueur l'égalité n'est pas parfaite, ainsi que le prouve nettement le révérendissime cardinal Pierre d'Aliaco (dans la 6e question sur Zuan de Sacrobosto) ; mais la différence est tout à fait insensible.

Venons-en maintenant à notre proposition. Or nous savons de science certaine que lorsqu'un corps uniformément grave est projeté violemment dans le plan de l'horizon, la fin de son mouvement violent se trouve plus bas sous l'horizon que dans le tir sous quelque angle d'élévation que ce soit; que si l'on augmente peu à peu l'angle d'élévation, la fin du mouvement violent se relève aussi peu à peu, en restant d'abord encore en dessous de l'horizon, pour ensuite (l'angle continuant d'augmenter) arriver à l'horizon même; puis, l'angle augmentant encore, le mouvement violent se termine au-dessus de l'horizon, et en des points de plus en plus élevés à mesure que l'angle d'élévation est plus grand. Enfin, lorsque le tir a lieu suivant la perpendiculaire à l'horizon (cas pour lequel le trajet ou mouvement est droit sur l'horizon), c'est alors que la fin du mouvement violent est le plus élevée possible au-dessus du plan de l'horizon. D'après cela, on doit conclure de la proposition ou du système d'argumentation que nous avons établi, qu'il existe un angle d'élévation qui doit satisfaire à la condition que le mouvement violent y relatif se terminera précisément dans le plan de l'horizon. Le raisonnement étant supposé exact, la conséquence s'en vérifiera et à nos sens et à notre esprit, pour l'élévation qui est moyenne entre les deux qui donnent les terminaisons les plus opposées (c'est-à-dire entre celle qui répond au tir suivant le plan même de l'horizon, et celle qui est perpendiculaire à ce même plan, la première donnant le point le plus bas pour la fin du mouvement violent, et la seconde donnant au contraire la position la plus élevée de cette même terminaison). Maintenant il est clair que ce tir moyen est celui qui répond à la projection sous l'angle de 45 degrés au-dessus de l'horizon (1) (c'est-à-dire celui dont la partie rectiligne du trajet partage

(1) Jusqu'au commencement de cette phrase, le raisonnement de Tartaglia était et est encore parfaitement admissible; mais la seule conséquence que l'on pût en tirer, c'était qu'il doit exister un certain angle de tir qui, pour une force de projection déterminée, doit produire la plus grande portée. Dire que cet angle devait être celui de 45°, c'était faire une hypothèse tout à fait gratuite, surtout en admettant la résistance de l'air. Si les idées de Tartaglia se fussent portées sur la question ainsi posée, il eût probablement reconnu avec la sagacité mathématique qui le distingue, que l'effet de cette résistance devait être d'abaisser un peu l'inclinaison du maximum de portée, et de l'abaisser d'autant plus que la force de projection (ou vitesse initiale) est plus grande, parce que la résistance de l'air augmente en même temps que la vitesse du mobile. (*Note du traducteur.*)

l'angle droit formé par la perpendiculaire à l'horizon avec le demi-diamètre de ce plan en deux parties égales). Maintenant si le raisonnement que nous venons d'employer manquait de rigueur géométriquement parlant, la conséquence s'en vérifierait néanmoins encore à l'égard de nos sens pour cette même élévation moyenne de 45 degrés au-dessus de l'horizon. Lors donc qu'un corps est projeté ou tiré de manière à commencer son trajet sous l'angle de 45 degrés au-dessus de l'horizon, il doit terminer son mouvement violent dans le plan même de cet horizon, et son effet sur ce plan être plus éloigné du point de départ que celui qui résulterait de toute autre élévation sous laquelle il serait projeté. Ce qu'il fallait démontrer.

COROLLAIRE.

De cette proposition et de la dernière du premier livre il résulte qu'un corps uniformément grave projeté sous l'angle de 45 degrés au-dessus de l'horizon fera moins d'effet dans le plan de cet horizon, à la fin de son mouvement violent, que s'il était tiré sous toute autre élévation (1).

---

(1) La présente considération, pour peu que Tartaglia y eût fait d'attention, aurait pu le faire revenir de l'erreur où il était en regardant comme impossible un mouvement composé à la fois du mouvement de projection et du mouvement naturel dû à la pesanteur ; car sa théorie à cet égard le conduisait à réduire l'effet de tout projectile lancé sous l'angle de 45° contre l'obstacle qu'il rencontrait à l'horizon à une simple pression due seulement à son poids, puisque d'une part en ce point sa vitesse de projection était

PROPOSITION NEUVIÈME.

Lorsque deux corps uniformément graves, semblables et égaux, sont projetés par des forces égales, l'un sous l'angle de 45 degrés au-dessus de l'horizon, et l'autre dans le plan même de l'horizon, la partie rectiligne du trajet de celui qui est tiré à 45 degrés est environ quadruple de la partie rectiligne du trajet de l'autre.

Pour démontrer cette proposition, nous partirons de ce fait déjà mentionné en commençant, savoir que la portée du trajet ou mouvement violent dans le tir à 45 degrés au-dessus de l'horizon est environ décuple du trajet rectiligne qui a lieu dans le tir de point en blanc, ou suivant le plan même de l'horizon, fait qui sera établi plus tard dans le quatrième livre, où nous donnerons en chiffres l'ordre et la proportion des tirs de toute espèce (1). Soit donc AB (fig. 20) le demi-diamètre de l'horizon et CAD la perpendiculaire à cet horizon, soit en outre AEFG le trajet d'un corps uniformément grave lancé dans le plan de l'horizon, trajet dont la partie rectiligne est AE, la partie courbe la ligne EF, et le mouvement naturel la ligne FG. Soit enfin AHIK le trajet d'un autre corps semblable et égal au premier, projeté par

---

complétement usée, et que de l'autre l'action de la pesanteur n'avait pas encore pu lui faire acquérir de nouvelle vitesse. (*Note du traducteur.*)

(1) Nous avons déjà fait observer dans la note (2) de la page 12, que cette partie du livre IV était précisément une de celles que Tartaglia n'a jamais données au public par la voie de l'impression. (*Note du traducteur.*)

une force tout à fait égale, mais suivant une direction AH faisant un angle de 45 degrés avec l'horizon, AH étant la partie rectiligne de ce nouveau trajet, HI sa partie curviligne, IH représentant le trajet fait d'un mouvement naturel, enfin AEI étant la portée du mouvement violent, laquelle est comptée sur le demi-diamètre de l'horizon. Je dis que la partie rectiligne AH est environ quadruple de la partie rectiligne AE. Pour le démontrer, je prolonge le mouvement naturel IK, ainsi que la partie rectiligne AH, jusqu'à leur rencontre en L; et comme le demi-diamètre AB coupe orthogonalement le trajet naturel IK en L (en vertu de la 18e du 3e d'Euclide), il s'ensuit qu'il passe par le centre du cercle dont dérive la partie courbe HI. J'achève donc (par la 24e du 3e d'Euclide) la circonférence du cercle dont dérive ladite partie courbe HI, de manière à avoir la circonférence entière HIMN. Cela fait, du point A (par la 16e du 3e d'Euclide) je mène une tangente à cette circonférence, et soit AM cette tangente; je la prolonge jusqu'à sa rencontre avec le trajet naturel IK au point O. J'obtiens ainsi un triangle ALO. Maintenant par les deux points H et M et par le centre P du cercle je mène les deux droites HP, MP, qui seront égales entre elles (par la définition du cercle donnée par Euclide dans son 1er). Pareillement (en vertu de la 35e du 3e d'Euclide) la ligne AH sera égale à AM, et l'angle PHA sera égal à l'angle PMA, parce que l'un et l'autre sont droits (en vertu de la 17e du 3e d'Euclide); la base AP est d'ailleurs commune aux deux triangles AHP, AMP. Donc (par la 8e du 1er d'Euclide) les deux triangles en question seront équiangles, et attendu que l'angle HAP est égal à un demi-droit, puisqu'il est la moitié de l'angle CAP, en vertu de l'hypothèse, il s'ensuit que l'angle APH (par la 2e partie de la 32e du 1er d'Euclide) sera pareillement égal à un demi-droit. Donc aussi l'angle MAP de l'autre triangle sera égal à la moitié d'un angle droit, en sorte que l'angle HAM du triangle ALO sera droit. Et comme l'angle ALO est un demi-droit, parce qu'il est égal à l'angle alterne LAC (par la 29e du 1er d'Euclide), il s'ensuit (par la 2e partie de la 32e du 1er d'Euclide) que le troisième angle LOA sera pareillement de un demi-droit. Donc (par la 6e du 1er d'Euclide) le côté AL sera égal au côté AO, et par suite le triangle entier ALO se trouve être la moitié d'un carré, en même temps que la portée AI est égale à la hauteur dudit triangle ALO et à la moitié de sa base LO, c'est-à-dire à LI. Maintenant, puisque nous admettons que cette portée AI est égale à dix fois la droite AE, il s'ensuit que l'aire du triangle ALO (en vertu de la 41e du 1er d'Euclide) sera égale à 100, ce qui veut dire 100 fois le carré construit sur la droite AE, droite que nous prenons ici pour unité de mesure. Quant à la droite AL, elle est évidemment égale à la racine carrée de 200 (en vertu de la pénultième du 1er d'Euclide), et il en sera de même de l'autre côté AO. Maintenant, pour obtenir en chiffres la valeur de la ligne droite AH, nous mènerons d'abord par le centre P deux droites PL et PO, et nous procéderons algébriquement en posant que le demi-diamètre du cercle est *une certaine chose* (1). Or, comme ce demi-diamètre se trouve être à la fois la hauteur du triangle PLO (en prenant LO pour base), celle du triangle APL (en prenant AL pour base), et celle du triangle APO (en prenant AO pour base), hauteurs représentées respectivement par les lignes PI, PH et PM, nous

(1) On dirait aujourd'hui : *en prenant le rayon du cercle pour inconnue* que l'on exprimerait par une lettre, telle que x. (*Note du traducteur.*)

aurons les aires de chacun de ces trois triangles en multipliant la hauteur par la moitié de la base, ou la moitié de la hauteur par la base entière. Multipliant donc PI (que nous considérons comme une *chose*) par la moitié de LO, qui est 10, nous aurons 10 *choses* (1) pour l'aire du triangle PLO. Mettons cette aire de côté, et procédons de même pour le triangle APL; nous multiplierons pour cela PH (qui est une *chose*) par la moitié de AL, qui est égale à la racine carrée de 50, et nous aurons pour l'aire du triangle APL racine carrée de 50 *censi* (2). Mettons encore ce résultat de côté, et il ne nous restera plus qu'à considérer le troisième triangle APO, lequel étant tout à fait égal au précédent APL, donnera pareillement pour son aire racine carrée de 50 *censi*. Réunissant maintenant ces trois aires ensemble, nous aurons : racine de 200 censi, plus 10 *choses*, et cette somme sera égale à l'aire de tout le triangle ALO, qui est égale à 100. (Ici nous laisserons parler l'auteur lui-même, dans la

---

(1) Ou plus exactement dix carrés dont le côté serait *une chose*. (*Note du traducteur*.)

(2) On ignore la signification du mot *censi*, et pourquoi l'auteur n'a pas mis à la place le mot *cose* (choses), comme il l'a fait pour le premier triangle. Nous avons laissé ce mot, ainsi que la suite du raisonnement de l'auteur, afin de donner une idée de la manière pénible dont se faisaient, vers le milieu du XVIe siècle les calculs algébriques les plus simples, alors qu'on n'avait pas encore de symboles pour représenter les quantités et les opérations. Aujourd'hui on trouverait sur-le-champ, pour déterminer l'inconnue que l'auteur appelle la chose : $10x + \frac{1}{2}\sqrt{200} + \frac{1}{2}\sqrt{200} = 100$; $x(10 + \sqrt{200}) = 100$; multipliant de part et d'autre par $\sqrt{200} - 10$, $x = \sqrt{200} - 10 = 4, 143$. (*Note du traducteur*.)

crainte de ne pas bien rendre la signification de quelques mots et la succession des idées.) *Onde levando quella radice de 200 censi e restorando le parti, e reccando a un censo, haveremo uno censo più 2 cose equal a* 100; d'où (*seguendo il capitolo*) nous trouvons pour la valeur de la *chose :* racine carrée de 200 moins 10. Telle est donc la longueur du demi-diamètre du cercle, ou de la ligne PH ou PM. Or, comme la ligne AH est égale à la ligne HP (ainsi qu'on l'a démontré plus haut), il s'ensuit que ladite ligne AH est aussi égale à racine carrée de 200 moins 10; ce qui donne, tout calcul fait, environ 4, 1 septième. Donc ladite droite AH se trouve être environ quatre fois et 1 septième de fois aussi grande que la droite AE. Ce qu'il fallait démontrer.

COROLLAIRE.

On voit par cette proposition qu'un corps uniformément grave, projeté ou tiré violemment à travers l'air par une force déterminée, va plus ou moins loin en ligne droite, suivant que l'angle sous lequel il est projeté est plus ou moins ouvert, et que par conséquent il produit aussi dans la même circonstance plus ou moins d'effet.

FIN DU LIVRE SECOND.

RECHERCHES ET INVENTIONS DIVERSES

RELATIVES A

L'ARTILLERIE,

PAR

NICOLAS TARTAGLIA.

OUVRAGE PUBLIÉ POUR LA PREMIÈRE FOIS EN 1546 (1).

LIVRE PREMIER,

Concernant le tir et les effets des pièces d'artillerie sous tous les angles d'élévation et pour toutes les dispositions des mires (de la visière et du guidon), et renfermant en outre diverses autres questions relatives aux pièces.

QUESTION PREMIÈRE

Faite par le très-illustre seigneur François-Marie, très-excellent duc d'Urbin, à Venise en 1538.

LE DUC. Expliquez-moi quelles sont les choses que vous dites avoir trouvées relativement au tir des pièces d'artillerie, dans votre petit livre de la SCIENCE NOUVELLE, que vous m'avez dédié.

(1) Dans cet ouvrage, rédigé en forme de dialogues, Tartaglia, mû sans doute par un sentiment de modestie ou de convenance, se

TARTAGLIA. Ce sont l'ordre et la proportion suivant lesquels varie le tir de toute espèce de pièces, selon la distance du but, et quelle que soit l'espèce de boulet que l'on y emploie.

LE DUC. Je ne vous comprends pas; exprimez-vous plus clairement, et donnez-moi un exemple.

TARTAGLIA. Pour pouvoir exposer cette invention à Votre Excellence au moyen d'un exemple, j'ai besoin de lui expliquer d'abord l'instrument matériel de mon invention (1)

---

désigne constamment par son nom de baptême NICOLAS. On a cru devoir, dans cette traduction, le désigner par le nom propre, sous lequel il s'est acquis une juste célébrité dans l'histoire des sciences pures et appliquées. (*Note du traducteur.*)

(1) Louis Collado, dans sa *Pratique manuelle d'artillerie*, conteste à Tartaglia l'honneur de la priorité d'invention du quart de cercle de l'artillerie pour le reporter on ne sait au juste si c'est à Daniel Santbech ou à Regiomontanus, ce qui au reste est assez indifférent pour la mémoire de Tartaglia, ainsi que pourront en juger ceux qui voudront prendre connaissance de quelques recherches que nous avons cru devoir faire pour éclaircir cette question intéressante de l'histoire de la balistique. Je dis intéressante, car Regiomontanus ayant vécu de 1436 à 1476, établir qu'il s'est occupé de la théorie du mouvement des projectiles, ce serait reculer d'un siècle environ la date précise des premiers travaux sur cette science dont nous regardons encore aujourd'hui Tartaglia comme le véritable fondateur. Nous rapporterons d'abord le passage de Collado, et nous le rapporterons textuellement tel qu'il est dans l'édition espagnole de son ouvrage publié à Milan en 1592, à cause de l'embarras que l'on éprouve à l'interpréter.

« Jactasse este auctor (*Tartaglia*) que ninguno otro la (*la esquadra*) haya alcançada antes, el quiere ser el inventor primero. Para cuya

dont j'ai parlé dans le petit livre précité, que je lui ai dédié.

Cet instrument consiste en une équerre construite avec

---

confusion, y por no quitar à los estudiosos, y hombres doctos los loores que de sus vigilias, y estudio les son devidos, dire una auctoridad, que Daniel Santbech auctor tudesco, y famoso mathematico en un libro que composo sobre la interpretacion de aquel *De triangulis* de Johan de Monte Regio, muchos anos antes quel Tartaglia dicho viniesse al mundo, haze del artilleria un discurso, hablando de las elevaciones dichas y effectos que en los tiros demuestran las pieças, dize assi. *Quamvis igitur non exacte rectam lineam sphera percurrat, tamen in ipsis elevationibus tormenti, ut ipothenusam loco rectæ lineæ accipiamus et constituamus est necesse.* Donde evidentemente consta, haver este auctor tenido noticia de los tiros de el artilleria hechos per los punctos y minutas de la esquadra. Pues es cierto que aquel tractar de la linea ipothumissal no quiere dezir otra cosa, sino assignarnos la linea o punto por el qual la pieça haze mas largo tiro, que es por el 6 punto de la esquadra hecha en la manera que nos demuestra la figura dicha. »

A prendre la chose littéralement, Regiomontanus ne serait absolument pour rien dans le fond de la question, ayant seulement, à ce qu'il paraîtrait, donné lieu à Santbech d'écrire les quelques mots soulignés que nous avons rapportés. Mais, s'il en est ainsi, la question de priorité serait bientôt jugée, car il suffirait pour cela de remarquer que le discours ou préambule que Santbech a écrit en tête de son édition de Regiomontanus est indubitablement postérieur à la première publication du quart de cercle de Tartaglia, puisque cet auteur le décrit déjà dans l'épître dédicatoire qui précède sa *Science nouvelle*, laquelle est de 1537, tandis que l'édition de Regiomontanus publiée par Santbech, bien que ne portant pas de date, mentionne une édition précédente que l'on sait être de 1541 et due à un nommé Schœne. Nous sommes donc forcés, si nous ne voulons pas supposer que Collado ignorait que Tartaglia eût précédé

précision, soit en bois, soit en quelque métal, de la forme représentée en BAC (fig. 1re, pl. 1). Entre les deux branches AB, AC, de cette équerre se trouve un quart de cercle HIGK dont le centre est au point H, sommet de l'angle droit formé par ces deux branches du côté intérieur. Appliquant d'abord en ce point H l'une des pointes d'un compas, on décrit avec un rayon HI l'arc IGK; diminuant ensuite un peu l'ouverture HI du compas, on décrit du même point H comme centre un second arc EF parallèle au pre-

---

Santbech, d'admettre, contrairement au sens littéral du texte de de cet auteur, que le passage latin qu'il cite est de Regiomontanus. Or nous disons que, même dans cette hypothèse, ce passage n'infirmerait en rien les droits de Tartaglia à la priorité d'invention du quart de cercle de l'artillerie : car, bien qu'il y soit question de l'inclinaison que l'on donne aux pièces, il n'y est fait mention d'aucun instrument employé pour régler ces élévations. Or il y a un pas très-notable entre la simple notion de l'élévation à donner aux pièces et l'invention heureuse d'un instrument propre à les déterminer. Qu'il nous soit permis à ce sujet de citer un passage de Torricelli qui en 1644, parlant de la manière dont on a été conduit peu à peu, d'abord à élever les pièces pour en obtenir de plus grandes portées que celles que l'on obtient en visant sur le but, puis ensuite à inventer un instrument propre à régulariser cette opération, s'exprime ainsi : « On a commencé à venir en aide à la pièce en l'élevant; c'est-à-dire qu'on ne la dirigeait plus droit sur le but que l'on voulait frapper, mais que, tout en la maintenant toujours dans le plan vertical du but, on l'élevait au-dessus de la ligne qui va de la pièce à ce but, ce que l'on faisait tantôt plus tantôt moins, suivant que la portée (*sforzatura*) du coup devait être plus ou moins étendue. Ce moyen est tellement facile à concevoir, qu'il est connu depuis l'origine du monde même des enfants sans expérience. Nous les voyons, quand ils veulent frapper avec une balle de neige ou un autre objet

mier. Cela fait, on divise tout l'espace circulaire compris entre les deux arcs en douze parties égales par des traits aboutissant au centre H. J'ai donné à chacune de ces douze parties égales le nom de *point*, et je les ai divisées elles-mêmes en douze parties égales que j'ai appelées *minutes*. Ces dernières parties sont trop petites pour qu'on ait pu les représenter dans la figure, mais elles peuvent très-bien être indiquées sur une équerre de grandeur ordinaire. Au moyen de ces divisions, le quart de cercle se trouve partagé en cent quarante-quatre parties égales ou minutes qu'il convient, pour en faciliter la supputation, d'indiquer par des traits plus petits que ceux qui répondent aux points ; par là, sachant que chaque point contient exactement douze minutes, on n'a réellement à compter qu'une partie des minutes comprises entre deux points consécutifs. Ces dispositions prises, on adapte une petite pointe de fer ou de laiton pré-

---

très-rapproché, lancer leur balle droit sur l'objet, mais quand ils jouent entre eux à qui lancera sa balle le plus loin, on qu'ils jouent au palet, ce n'est déjà plus horizontalement ou droit sur le but à atteindre qu'ils tirent, on les voit alors tirer entre deux airs (*a mezz'aria*), toujours à l'élévation du cinquième ou du sixième point de l'équerre de l'artillerie qu'ils ne connaissent nullement. Avec le progrès du temps les artilleurs ont employé au même but un instrument qui sert à mesurer facilement ces élévations.

» Nicolas Tartaglia de Brescia, mathématicien célèbre, a inventé une équerre à branches inégales, réunies par un quart de cercle; cette équerre, depuis plus de cent ans qu'elle a été imaginée, a constamment été, et est encore aujourd'hui le seul régulateur employé par les artilleurs, non-seulement pour élever leurs pièces dans les coups dits de volée, mais même pour les mettre de niveau dans le tir horizontal. » (*Note du traducteur.*)

cisément au point H centre du quart de cercle, et l'on y attache un pendule mobile, formé d'un fil de soie (ou autre) avec un plomb au bout, comme on le voit en HGD. A l'aide de cet instrument nous avons considéré toutes les positions ou élévations diverses qu'il est possible de donner à une pièce d'artillerie. La première de ces positions est celle qu'affecte la pièce quand elle est *horizontale* ou *de niveau*, autrement dit quand elle est disposée de manière qu'en posant la plus longue branche de l'équerre dans la bouche, le long de la génératrice (1) inférieure de l'âme, le fil à plomb tombe précisément le long du côté HFK du quart de cercle, comme on le voit dans la figure 21 (pl. 3). On dit de même qu'une pièce est élevée à un point, quand elle est disposée de telle sorte qu'en plaçant ladite longue branche de l'équerre dans la bouche, toujours comme précédemment, suivant la génératrice inférieure de l'âme, le fil à plomb tombe précisément sur la division du premier point, comme le fait voir la figure 22 (pl. 3). C'est encore ainsi que l'on doit comprendre qu'une pièce est élevée à deux points, lorsque le fil à plomb tombe précisément sur la division du

---

(1) Il est sans doute inutile de faire remarquer que le mot *génératrice* n'est pas dans Tartaglia; ce mot, employé avec l'acception qu'il a dans la définition des surfaces de révolution, est trop moderne pour cela. Il y a dans le texte : *le long du fond de l'âme* (*per el fundo del vacuo della canna*). Avec un peu d'attention on aurait sans doute compris (ainsi présentée) la pensée de l'auteur, mais malgré le désir qui nous dirige dans notre traduction de conserver à l'ouvrage de Tartaglia le cachet du temps; désireux que nous sommes avant tout de lui conserver aussi la grande clarté qui le distingue, nous avons cru devoir éviter l'expression *fond de l'âme* dans la signification qu'elle a en italien, à cause de la signification toute différente qu'elle a dans la nomencla-

deuxième point du quart de cercle; qu'elle est élevée au troisième point, quand le fil à plomb tombe sur le troisième point, et pareillement pour le quatrième, le cinquième et le sixième point. Et lorsqu'une pièce est élevée au sixième point, comme le fait voir la figure 2 (pl. 1), on dit qu'elle est élevée sous la plus grande élévation possible. (Je parle ici des pièces longues, comme sont les canons, les coulevrines, etc.; car à l'égard des mortiers, ils peuvent être élevés sous toutes les autres élévations de l'équerre, jusqu'à celle de douze points.) Maintenant, ce que nous venons d'expliquer pour les points doit s'entendre également des minutes. Ainsi, lorsqu'une pièce est disposée de manière que le fil à plomb tombe précisément sur la division de la première minute (c'est-à-dire sur le trait correspondant à la douzième partie du premier point), on en conclut que la pièce est élevée à une minute; si le fil à plomb tombe à deux minutes, la pièce sera élevée à deux minutes, et ainsi de suite, jusqu'à la plus grande élévation ou à celle du sixième point, répondant à soixante-douze minutes, ainsi que cela se voit dans la figure 2 (pl. 1). Les minutes au-dessus de soixante-douze, jusqu'à la fin, sont destinées aux élévations des mortiers.

LE DUC. Et que voulez-vous conclure de là?

TARTAGLIA. Premièrement, cela me conduit à dire que, lorsqu'on tire une pièce sous l'élévation du premier point, elle porte beaucoup plus loin que lorsqu'on la tire de niveau; qu'en la tirant ensuite à l'élévation du deuxième point elle

---

ture française actuelle. Ces remarques s'appliquent à tous les passages de cette traduction où l'on verra employé le mot *génératrice*. (*Note du traducteur.*)

porte encore beaucoup plus loin qu'elle ne faisait à l'élévation du premier point; qu'allant au troisième point la portée est de nouveau beaucoup plus grande que celle du deuxième point; qu'au quatrième point elle augmente encore sensiblement par rapport à celle du troisième; qu'au cinquième point la portée est derechef augmentée par rapport à celle du quatrième, mais toujours de moins en moins, et qu'il en est encore de même de la portée du sixième point par rapport à celle du cinquième, du moins lorsqu'on tire avec des boulets de plomb; je veux dire que, dans ce cas, la portée continue encore d'augmenter un peu, mais de très-peu, parce que le raisonnement nous prouve que les deux derniers tirs (ceux du cinquième et du sixième point) sont tellement rapprochés, ou tellement peu différents l'un de l'autre, que le moindre avantage qui pourrait se trouver du côté du cinquième point, sous le rapport de la force de la poudre ou sous quelque autre rapport, suffirait pour que la portée de ce cinquième point égalât ou dépassât celle du sixième point. Et s'il était possible d'élever les pièces, à l'instar des mortiers, sous les angles supérieurs au sixième point, il n'y a pas de doute que la portée du septième point ne fût un peu moindre que celle du sixième; que pareillement la portée du huitième point ne fût sensiblement moindre que celle du septième; que celle du neuvième ne fût beaucoup moindre que celle du huitième; que celle du dixième ne fût pareillement beaucoup moindre que celle du neuvième; celle du onzième beaucoup moindre que celle du dixième; celle du douzième, ou dernier point, beaucoup moindre que celle du onzième; et que même, sous cette élévation extrême, conformément à ce que la raison indique, le boulet ne dût retomber précisément dans la bouche de la pièce, s'il n'était maintes et maintes circonstances capables, au départ du projectile, de le dévier assez de sa direction pour qu'il ne pût revenir exactement à son point de départ. Mais dans tous les cas, sous cette dernière élévation, il ne retomberait pas loin de la bouche de la pièce (1).

LE DUC. Tout ce que vous venez de dire me paraît très-juste; mais où voulez-vous en venir avec tout cela?

TARTAGLIA. Je veux, en second lieu, établir que j'ai trouvé la proportion ou l'ordre suivant lesquels ont lieu les augmentations successives des portées sous toutes les élévations, et cela non-seulement d'un point au suivant de mon équerre, mais même d'une minute à l'autre, jusqu'à l'élévation de six points ou de soixante-douze minutes, soit qu'il s'agisse de boulets de plomb, de fer ou de pierre. Et pareillement, s'il était possible d'élever les pièces au delà du sixième point, comme on le fait pour les mortiers, j'ai trouvé aussi dans quel ordre les portées iraient en décroissant, non-seulement d'un point au suivant, mais de minute en minute, jusqu'à la fin de l'arc de l'équerre, ou jusqu'au

(1) En parlant ici des déviations auxquelles les projectiles sont sujets, Tartaglia n'indique aucune de leurs causes. Plus loin nous le verrons apprécier parfaitement celles qui tiennent à la mauvaise direction de l'âme des pièces, ou à celle de leur ligne de mire; mais nulle part il n'examine celles qui ont leur cause dans la forme ou la nature des projectiles, dans la nécessité de leur donner un diamètre plus petit que celui de l'âme, dans les agitations de l'air, dans la présence de corps étrangers dans l'âme, enfin dans le mouvement diurne de la terre. Cette dernière cause, d'une influence très-faible, mais qui mérite cependant d'être citée ici, parce qu'elle a son maximum d'effet dans le cas du tir vertical, n'était pas même soupçonnée de Tartaglia, qui considérait la terre comme immobile au centre du monde. (*Note du traducteur.*)

douzième point, qui répond à cent quarante-quatre minutes.

LE DUC. Quelles sont les applications utiles que l'on peut faire de ces découvertes ?

TARTAGLIA. L'utilité de ces découvertes consiste en ce que, connaissant une seule portée d'une pièce quelconque, je suis en état de construire une table de toutes les portées de la même pièce sous toutes les élévations, autrement dit, sous tous les points et toutes les minutes de mon équerre; table, grâce à laquelle toute personne qui l'aura sous les yeux, non-seulement saura tirer cette pièce, mais saura la faire tirer par le canonnier le plus ignorant, à toutes les distances qui ne dépasseront pas la plus grande portée dont cette même pièce est susceptible. Quiconque au contraire ne possédera pas cette table ignorera toujours les particularités de cette invention, dont le secret ne sera révélé qu'à celui qui la possédera.

LE DUC. Mais si la personne qui aura votre table, ne voulant pas tirer elle-même, veut faire tirer à une autre personne, ne sera-t-il pas nécessaire que cette seconde personne apprenne aussi le secret qu'elle renferme ?

TARTAGLIA. Non, Monseigneur; dans ce cas, la seconde personne restera à cet égard comme sont les garçons apothicaires par rapport aux médecins : bien que préparant continuellement des médecines suivant les ordonnances des médecins, ils n'apprennent pas, par cela seul, à devenir médecins eux-mêmes.

LE DUC. Cette assertion me paraît difficile à admettre, d'autant plus que dans le petit livre (que vous m'avez dédié) vous avouez vous-même n'avoir jamais tiré un seul coup d'une pièce d'artillerie ni d'arquebuse. Or porter un jugement sur une chose dont on n'a pas vu l'effet ou l'expérience expose le plus souvent à se tromper : la vue seule pouvant nous rendre un témoignage véridique des choses enfantées par l'imagination.

TARTAGLIA. Sans doute, il est très-vrai de dire, à l'égard des choses de détail, que les sens extérieurs nous en accusent mieux la vérité que le sens interne; mais on ne peut pas en dire autant à l'égard des choses générales, parce que les généralités sont essentiellement du ressort de l'intelligence, et ne sont nullement saisissables pour aucun de nos sens.

LE DUC. Laissons ce discours; mais si vous me faites voir ce que vous dites (ce que je ne crois nullement), je le regarderai comme un miracle.

TARTAGLIA. Tout ce qui arrive, soit naturellement, soit artificiellement, excite notre étonnement ou notre admiration, tant que nous en ignorons la cause. Bientôt Votre Excellence pourra s'éclairer à cet égard, en en faisant faire l'expérience avec une pièce.

LE DUC. Je compte aller à Pesaro; aussitôt que j'en serai revenu, je ne manquerai pas de la faire faire (1).

---

(1) Il y a lieu de croire que l'idée de réserver sa table de tir pour les seuls amis qu'il voulait en gratifier est ce qui a empêché Tartaglia de rien publier à ce sujet dans ses dialogues. Cependant il est extrêmement probable que plus d'un de ceux à qui il l'avait confiée dans ses leçons, ou pour l'usage, l'auront transmise à d'autres, et c'est ainsi que nous croyons avoir retrouvé dans le Traité d'artillerie de Diego Ufano, sinon la table même de Tartaglia, du moins quelque chose qui en approche. Cette considération nous a déterminé à joindre à notre traduction, avec quelques développements, le passage en question de Diego Ufano. On le trouvera dans l'*appendice* qui suit les *Questions et inventions diverses*. (*Note du traducteur.*)

QUESTION SECONDE

Faite par le même illustrissime seigneur duc à la suite de la précédente.

LE DUC. Mais dites-moi un peu quelle est votre opinion relativement au plus grand effet d'une pièce d'artillerie, suivant qu'elle tire contre un objet placé au même niveau qu'elle, ou placé sur un plan plus élevé.

TARTAGLIA. Pour pouvoir répondre convenablement à cette question, il est nécessaire que Votre Excellence veuille me la proposer par un exemple, ou à l'aide d'une figure, avec l'indication de la distance de la pièce au but, et en précisant la nature du lieu contre lequel le tir est censé s'effectuer.

LE DUC. Je suppose pour exemple que j'aie à battre une forteresse construite sur le sommet d'une colline ou d'un monticule de soixante pas de hauteur, et qu'à la distance de cent pas de cette colline ou de ce monticule, il y eût une autre colline ou un autre monticule de la même hauteur de soixante pas, ainsi que cela est représenté dans la figure 23 (pl. 3). Je suppose en outre que l'on puisse s'établir à l'aise sur ce second monticule, pour de là battre la forteresse opposée ; ce qui, dans ce cas, aurait lieu en dirigeant la pièce horizontalement, comme la figure l'indique. Je suppose enfin que, du pied du second monticule et latéralement, pour que la distance soit la même, ou de cent pas, on puisse aussi tirer à l'aise contre le même but, avec cette seule différence, dans la nouvelle position, que la pièce y soit nécessairement fort élevée du côté de la bouche, en sorte qu'elle tirerait de bas en haut, comme cela est représenté dans la figure. Maintenant, je vous demande dans laquelle des deux positions vous pensez que la pièce fera un plus grand effet ou une plus grande trouée (*passata*) dans la forteresse, à savoir lorsqu'elle tirera du sommet du monticule, ou lorsqu'elle tirera de son pied ?

TARTAGLIA. Il n'y a aucun doute que le plus grand effet ou la plus grande pénétration aura lieu de la part du coup parti de la plaine ou du bas du monticule (1).

LE DUC. Eh bien ! moi j'aurais jugé et je pense encore tout le contraire, parce que les boulets tirés de la sommité auront beaucoup moins de trajet à faire pour atteindre les murailles de la forteresse, que n'en auront à parcourir ceux qui partiront du pied de la montagne ; et il est tout naturel d'admettre que l'effet produit est d'autant plus considérable que le but est moins éloigné.

TARTAGLIA. Ce que dit Votre Excellence serait parfaitement vrai si les pièces tiraient de la même manière sous toutes les inclinaisons. Mais il y a ici une circonstance par-

---

(1) Cette proposition de Tartaglia mérite de fixer l'attention du lecteur, parce que l'erreur qu'elle renferme a été longtemps partagée par les auteurs venus après lui. Elle est devenue en quelque sorte un préjugé dans l'artillerie, soit en partie à cause de l'autorité en mathématiques du nom de Tartaglia, soit parce que l'on finit par l'appuyer ensuite sur des considérations physiques. L'erreur de Tartaglia vient de l'état peu avancé de la mécanique rationnelle à son époque ; mais même après Galilée, qui fixa les premiers principes de cette science, on trouve encore des traités d'artillerie (d'auteurs à la vérité fort peu mathématiciens) dans lesquels la présente opinion est encore reproduite. (*Note du traducteur.*)

ticulière dont la considération conduit à un résultat tout opposé. Il arrive, en effet, que toute bouche à feu doit nécessairement tirer moins loin en ligne droite, lorsqu'elle est pointée horizontalement, que suivant toute autre inclinaison; ou, pour m'exprimer d'une manière plus convenable, que toute bouche à feu a nécessairement une plus grande portée en ligne droite, lorsqu'elle est quelque peu élevée du côté de la bouche que lorsque l'axe est horizontal, et qu'en général la portée rectiligne est d'autant plus grande que l'angle de départ est plus considérable. Ceci doit d'ailleurs s'entendre aussi bien du tir au-dessous de l'horizon que du tir au-dessus de ce plan; c'est-à-dire qu'une pièce inclinée vers le bas tirera plus loin en ligne droite qu'elle ne ferait étant pointée horizontalement, et qu'elle tirera ainsi d'autant plus loin que l'inclinaison en dessous de l'horizon sera plus grande.

LE DUC. Ce que vous dites là me paraît fort étrange à croire, car cela revient à dire qu'une même quantité de poudre et par conséquent une seule et même force doit chasser plus violemment le même poids de balle, dans un sens que dans un autre. Je désire cependant que vous m'expliquiez la raison sur laquelle vous fondez une telle opinion.

TARTAGLIA. Cette raison se trouve développée dans la dernière proposition du second livre de la SCIENCE NOUVELLE. A la vérité, dans la démonstration que j'y ai donnée de cet effet, je n'en ai point assigné la cause prochaine pour ne pas fatiguer l'attention de Votre Excellence, cette cause prochaine se démontrant par des considérations tirées de la science des poids, science qui n'est pas d'une minime importance, puisqu'elle s'appuie tout à la fois sur la géométrie et sur la physique. Si Votre Excellence était disposée à m'entendre, je m'efforçerais de lui en donner la démonstration sur-le-champ.

LE DUC. Dites, mais abrégez autant que possible.

TARTAGLIA. Pour démontrer ce point d'une manière convenable, je serai obligé, voulant être compris, de donner au préalable la définition de quelques mots dont j'aurai à me servir, et d'énoncer en outre quelques hypothèses sur lesquelles je m'appuierai, comme on le fait dans toutes les sciences. Et attendu que toute chose est plus facile à saisir à l'aide d'exemples que dans des explications générales, je prendrai pour exemple la balance AB (V. fig. 24, pl. 3), à deux bras égaux AC et BC ; soit C le point autour duquel se fait son mouvement oscillatoire ; et supposons qu'aux deux extrémités des bras il y ait deux corps uniformément graves, et de poids égaux que nous désignerons également par les lettres A et B. Cela posé, à cause de l'égalité de poids de ces deux corps et de l'égalité des deux bras du fléau de la balance aux extrémités duquel ils sont attachés, en vertu du premier postulat (*petizione*) d'Archimède dans son livre *du centre de gravité,* ces deux corps s'inclineront exactement de la même manière, chacun de son côté, c'est-à-dire qu'ils seront en équilibre comme la figure le représente.

Maintenant du point C comme centre (fig. 25, pl. 3) et avec un rayon égal à l'un ou à l'autre des deux bras du fléau décrivons la circonférence du cercle EAFB, il est clair que c'est sur cette circonférence que se mouvront les deux centres des corps A et B, toutes les fois qu'ils sortiront de l'équilibre autour du centre C.

DÉFINITION PREMIÈRE.

Les deux corps A et B étant donc en équilibre, ainsi que la figure 25 l'indique, nous exprimerons la position qu'ils occupent dans cet état en disant que c'est la *position d'égalité.*

DÉFINITION SECONDE.

Abaissant ensuite du point culminant E la perpendiculaire EF, qui passera nécessairement par le centre C, nous donnerons à cette ligne ECF le nom de *ligne de direction.*

HYPOTHÈSE PREMIÈRE.

Il convient maintenant de remarquer qu'un corps pesant est supposé être d'autant plus pesant dans la position qu'il occupe, que le chemin qu'il parcourt dans sa chute en partant de cette position est moins oblique (c'est-à-dire moins courbe). Nous aurons dans la proposition suivante, l'occasion de voir un exemple de la présente hypothèse (1).

---

(1) C'est dans cette hypothèse (dont on verra tout à l'heure que Tartaglia fait la base de sa démonstration) que réside le germe de son erreur. Il y confond la pesanteur avec ce que l'on appelle au-

HYPOTHÈSE SECONDE.

On admet d'ailleurs qu'un corps pesant suit un chemin d'autant plus oblique dans sa descente le long d'une circonférence de cercle que la partie de la *ligne de direction* à laquelle ce chemin correspond sur une longueur du trajet est moindre. Ceci sera également rendu plus intelligible dans la figure de la proposition suivante.

PROPOSITION.

Ces hypothèses admises, je dis : qu'un corps pesant équilibré partant de la position d'égalité devient plus léger en s'éloignant de cette position et devient ainsi d'autant plus léger qu'il s'en éloigne davantage. Et afin de donner d'abord

---

jourd'hui la composante de cette force estimée perpendiculairement au bras de la balance, et fait totalement abstraction de la composante estimée suivant la direction même de ce bras. Cette erreur serait sans importance et ne porterait que sur des mots, si Tartaglia ne devait appliquer son hypothèse qu'à des cas analogues à celui de la balance, où la composante, qui agit suivant le bras, peut jusqu'à un certain point être négligée lorsque l'on ne considère que le mouvement produit, parce que son effet se réduit à occasionner une pression du point fixe contre son appui. Mais nous allons voir bientôt, que Tartaglia étend son principe au cas d'un boulet libre lancé suivant différentes inclinaisons au-dessus de l'horizon. (*Note du traducteur.*)

un exemple de cette proposition avant de la démontrer, soit encore le fléau de balance AB (fig. 26, pl. 3), oscillant autour de son point de suspension C, avec les deux mêmes corps A et B que ci-dessus appendus conjointement à ses deux extrémités, et supposons-les d'abord dans la position d'égalité ; puis concevons qu'on les en éloigne tous deux d'une même quantité (ce qui ne peut se faire qu'en élevant l'un et en abaissant l'autre d'autant), je dis que l'un et l'autre de ces deux corps sera par ce changement de position rendu plus léger, et qu'ils seront ainsi rendus l'un et l'autre d'autant plus légers que leurs nouvelles positions seront plus écartées de la position d'égalité. Pour le démontrer, abaissons (fig. 26) le corps A de la figure 25 jusqu'au point V, l'autre corps B qui lui est opposé sera par ce mouvement élevé de B en I ; partageons maintenant l'un et l'autre des deux arcs parcourus AV et BI en un nombre quelconque de parties égales, par exemple en 3, au moyen des points de division Q, S, L, N. Cela fait, par les points N, L, I, tirons trois lignes droites, NO, LM, et IK, parallèles entre elles et au diamètre BA ; ces lignes couperont la ligne de direction EF aux trois point X, Y, Z ; pareillement par les trois points Q, S, V, tirons les trois lignes QP, SR et VT aussi parallèles entre elles et à la ligne AB. Ces trois nouvelles lignes couperont la ligne de direction aux trois points &, [illegible], [illegible]. Par cette construction nous avons donc divisé l'abaissement total AV du corps A, dans son transport de A en V, en trois abaissements partiels répondant aux trois arcs égaux AQ, QS, SV. Et semblablement nous avons divisé l'abaissement total IB du corps B revenant du point I, où on l'a élevé à sa position primitive B, en trois abaissements partiels répondant aux trois arcs égaux IL, LN et NB. Maintenant chacune des trois parties dans lesquelles les abaissements des deux corps se trouvent divisés intercepte une partie de la ligne de direction, savoir : l'abaissement de A en Q intercepte de cette ligne la partie ꝛ &; l'abaissement QS intercepte la partie & ꝛ; et l'abaissement SV intercepte la partie ꝛ ℞. Or puisque la partie C &, est plus grande que la partie & ꝛ (ce qui se démontre facilement par la géométrie), il s'ensuit, en vertu de la deuxième hypothèse, que l'abaissement QS est plus oblique que l'abaissement AQ; ainsi, en vertu de la première hypothèse, ledit corps A sera plus léger quand il sera dans la position Q qu'il ne le sera étant dans la position A. De même, attendu que la partie ꝛ ℞ de la ligne de direction est moindre que la partie & ꝛ, l'abaissement SV (toujours en vertu de la seconde hypothèse) sera plus oblique que l'abaissement QS, et conséquemment, en vertu de la première hypothèse, le corps A sera plus léger dans la position S qu'il ne le sera dans la position Q. Tout ce que nous venons de dire du corps A dans son abaissement de A en V, en passant par les positions successives Q et S, s'applique exactement, avec de simples changements de lettres, à l'abaissement du corps B revenant de I en B, en passant par les positions intermédiaires L,N. Ainsi l'abaissement de I en L est plus oblique que celui qui a lieu de L en N (en vertu de la seconde hypothèse), parce que la partie XY qu'il intercepte sur la ligne de direction est moindre que la partie YZ; donc, par la première hypothèse, le corps B sera plus léger étant dans la position I qu'il ne le sera dans la position L; et par des raisons tout à fait analogues nous pouvons dire aussi qu'il sera plus léger au point L qu'il ne le sera au point N, et de même plus léger au point N, qu'il ne le sera au point B, qui est la position d'égalité.

LE DUC. Que voulez-vous conclure de là?

TARTAGLIA. Le voici : Lorsqu'une pièce est pointée horizontalement, on peut dire que le boulet y est dans la position d'égalité, et que chassé dans cette position il est plus pesant qu'il ne l'est dans toute autre position de la pièce par rapport à la direction horizontale (1). Ainsi le boulet dans ce cas

---

(1) On voit ici la conséquence de l'application du faux principe posé par Tartaglia dans sa première hypothèse, ou, si l'on veut, la fausse application du principe en question supposé vrai pour le cas de la balance. Ici c'est la composante de la pesanteur dirigée suivant la tangente à la trajectoire que Tartaglia néglige, pour ne considérer que celle qui tend à infléchir le mouvement, et qui va en effet en diminuant d'intensité à mesure que le tir est plus incliné par rapport à l'horizon, tandis que la première augmente d'intensité dans le même cas. L'erreur est d'autant plus grave, relativement à la question qu'il discute, que cette composante tangentielle, agissant toujours, dans le tir élevé, en sens inverse du mouvement, a pour effet d'y affaiblir continuellement la vitesse, bien loin de l'augmenter, comme il l'admet implicitement. Ainsi à vitesse initiale égale, malgré la plus grande rectitude du mouvement dans le tir élevé (ou plutôt à cause même de cette plus grande rectitude), la force vive du projectile diminue plus rapidement avec la distance à mesure que l'inclinaison du tir augmente. Dans le tir au-dessous de l'horizon, la composante tangentielle tend au contraire à augmenter la vitesse du projectile, et ce n'est que dans ce cas particulier que la proposition de Tartaglia peut être admise, en supposant la vitesse initiale la même.

Quand on cherche à se rendre compte de la cause qui a induit Tartaglia en erreur pour le cas du tir élevé, on voit sur-le-champ qu'elle consiste à avoir généralisé l'observation que, toutes choses égales d'ailleurs, la trajectoire se rapproche d'autant plus de la ligne droite que la vitesse du mouvement est plus grande (Voir à ce sujet la question 3). Il en aura conclu que toutes les fois qu'un mouve-

chemine avec plus de difficulté, et commence beaucoup plus tôt à s'infléchir vers le bas, s'infléchissant en même temps

---

ment devenait plus rectiligne la vitesse et la force dont le projectile est animé étaient plus grandes. S'il eût réfléchi qu'il est très-aisé de faire naître dans certaines directions des mouvements ou tout à fait rectilignes ou approchant de la rectitude, avec de très-faibles forces, il y eût fait plus d'attention et probablement aurait modifié sa proposition. Mais Tartaglia était malheureusement trop exclusivement mathématicien ; il n'était pas assez observateur, ou n'avait pas pris l'habitude de consulter les faits, et encore moins d'interroger directement l'expérience.

Dans ce qui précède nous n'avons considéré que ce qui se passe dans le mouvement du projectile après sa sortie de la pièce, parce que Tartaglia aussi n'a considéré que cette partie de la question de l'influence de l'inclinaison du tir sur les effets de la percussion, ou, comme on dirait aujourd'hui, sur la force vive du projectile, en tant qu'elle dépend de la vitesse. Mais il est clair que pour traiter cette question d'une manière complète, il est nécessaire aussi de considérer ce qui se passe dans l'âme de la bouche à feu, afin d'examiner si l'inclinaison de la pièce influe et dans quel sens elle influe sur la vitesse initiale du projectile. Cette partie de la question est encore aujourd'hui fort peu avancée. Tout se réduit à comprendre d'une manière vague, 1° que l'expansion du gaz de la poudre doit éprouver de la part du projectile, avant son premier déplacement, d'autant plus de résistance que la pièce est plus inclinée au-dessus de l'horizon, et d'autant moins qu'elle est plus inclinée au-dessous; 2° que les mêmes effets doivent avoir lieu pendant tout le temps que le projectile se meut dans l'âme de la pièce, abstraction faite des battements et des frottements qu'il peut y éprouver ; 3° que les battements et les frottements des projectiles contre les parois de l'âme doivent diminuer à mesure que la pièce s'éloigne davantage de la po-

beaucoup plus qu'il ne le ferait dans toute autre position de la pièce. Autrement dit, et pour employer l'expression usitée par les artilleurs, il va beaucoup moins longtemps en ligne droite que sous toute autre élévation, et par suite fait moins d'effet. Je sais bien que Votre Excellence pourrait me dire et avec quelque raison : les considérations que vous exposez prouvent sans doute que l'effet doit être moindre à distance égale ; mais il pourrait bien n'en être plus de même en ayant égard à la différence des distances qui résulte de l'obliquité de la ligne menée du pied de la montagne au but (dans l'exemple que j'ai choisi), par rapport à la ligne horizontale qui va du sommet de la montagne au même but, en sorte que l'augmentation de la distance eut pour effet de détruire et au delà tout l'avantage que le boulet parti d'en bas pourrait tenir, sous le rapport de la force de percussion, de sa plus grande portée en ligne droite comparativement à celle du projectile parti d'en haut et tiré horizontalement, cas dans lequel ce dernier boulet produirait plus d'effet que celui de la pièce installée au pied de la montagne. Mais à cette objection je répondrais qu'il peut effectivement ar-

---

sition horizontale, soit positivement, soit négativement ; 4° enfin que de toutes ces considérations il doit résulter une augmentation de la vitesse initiale des projectiles lancés avec des pièces courtes à mesure que l'angle de tir augmente au-dessus de l'horizon, et une diminution au contraire de cette vitesse initiale à mesure que l'angle de tir augmente au-dessous de l'horizon ; qu'avec les pièces longues la question se complique à cause des frottements et des battements, et que c'est plutôt à l'expérience qu'à la théorie qu'il convient de demander la solution de cette partie de la question. (*Note du traducteur.*)

river parfois tel cas où l'excès de trajet à faire par le boulet parti d'en bas sur celui du boulet d'en haut soit tel que les choses se passent ainsi que Votre Excellence le pense.

LE DUC. Donnez-moi un exemple figuratif si vous voulez que je vous comprenne.

TARTAGLIA. Pour donner un exemple figuratif du cas que je considère, je supposerai qu'il s'agit de tirer avec une coulevrine de 20. D'après l'expérience faite à Vérone, dont j'ai parlé à Votre Excellence au commencement de ma *Science nouvelle*, la portée rectiligne de cette coulevrine pointée dans la position d'égalité, c'est-à-dire horizontalement, était d'environ 200 pas; de plus sa portée rectiligne sous l'angle de 45 degrés ou de 6 points ou de 72 minutes de mon quart de cercle, doit être d'environ 800 pas, par les raisons énoncées dans la dernière proposition du second livre de cette même *Science nouvelle*.

LE DUC. Ainsi selon vous le boulet de cette coulevrine, tirée sous l'élévation que vous dites, irait à environ 800 pas en ligne droite, tandis que, tiré horizontalement, il n'irait pas, en direction rectiligne, au delà d'environ 200 pas.

TARTAGLIA. C'est le résultat auquel le raisonnement me conduit.

LE DUC. La différence me paraît bien grande.

TARTAGLIA. Cela provient de ce qu'il y a aussi une grande différence entre l'élévation à 45 degrés et celle qui répond à la position d'égalité; car, à mesure que l'élévation augmente progressivement d'une minute, la portée rectiligne augmente aussi progressivement de minute en minute; et ce que je dis pour des variations d'inclinaison exprimées par minutes, doit s'entendre à plus forte raison pour des variations procédant de point en point; ainsi la pièce pointée au premier point du quart de cercle portera beaucoup plus loin, en ligne droite qu'elle ne ferait dans la position d'égalité, ou lorsque l'âme est dirigée horizontalement; de même elle portera beaucoup plus loin, en ligne droite, étant élevée au deuxième point du quart de cercle qu'étant élevée au premier point; plus loin encore (toujours en ligne droite) sous le troisième point que sous le deuxième; et ainsi de suite successivement, plus sous le quatrième que sous le troisième, plus sous le cinquième que sous le quatrième, plus sous le sixième (qui est celui que nous avons pris pour exemple) que sous le cinquième; et s'il était possible d'élever graduellement la pièce au delà du sixième point, elle continuerait d'avoir des portées en ligne droite croissantes, en sorte que la portée rectiligne serait plus grande à sept points qu'à six points, plus grande à huit points qu'à sept, plus à neuf qu'à huit, plus à dix qu'à neuf, plus à onze qu'à dix, et enfin plus à douze qu'à onze; et sous cette dernière élévation de douze points, la trajectoire tout entière serait rectiligne, parce qu'elle serait perpendiculaire à l'horizon; et elle serait plus rigoureusement rectiligne qu'aucune des autres portées que nous avons appelées rectilignes; car, pour parler tout à fait exactement, il convient de dire que sous aucune élévation au-dessus de l'horizon différente de la verticale aucune portion de la trajectoire ne peut être parfaitement droite, contrairement à la manière dont nous avons énoncé la seconde hypothèse au début du second livre de la *Science nouvelle*.

LE DUC. Pourquoi donc parlez-vous de trajets rectilignes, puisqu'il n'y en a pas de parfaitement rectiligne.

TARTAGLIA. C'est pour être compris du vulgaire, qui est dans l'usage de regarder comme une ligne droite la partie du trajet des boulets dont la courbure est insensible, réservant le nom de partie courbe à celle qui est manifestement courbe.

LE DUC. Continuez votre explication.

TARTAGLIA. Maintenant, pour revenir à notre proposition, je dis que si la hauteur de la forteresse qui nous sert d'exemple était telle que la distance oblique entre elle et la pièce placée au bas de la montagne fût de 760 pas, tandis qu'il n'y aurait que 130 pas de distance horizontale entre cette même forteresse et la pièce située sur le sommet de la montagne, la coulevrine précitée de 20 ferait plus d'effet contre les murailles de la forteresse étant installée au sommet de la montagne qu'elle n'en ferait étant installée au pied. La raison en est que ladite coulevrine tirant horizontalement est capable de porter en ligne droite jusqu'à environ 200 pas ; n'étant donc éloignée des murailles que de 130 pas (par supposition), la rencontre du boulet contre ces murailles se fera à 70 pas environ en avant du terme de sa portée rectiligne. Située au contraire au pied de la montagne (d'où nous avons supposé qu'il y avait 760 pas de distance oblique aux murailles de la forteresse) et tirée sous l'inclinaison de 45 degrés (c'est-à-dire au sixième point de notre quart de cercle), la coulevrine sera capable de porter en ligne droite jusqu'à environ 800 pas (d'après ce qui a été dit précédemment), et par conséquent la rencontre du boulet contre la muraille aurait lieu à environ 40 pas seulement en avant du terme de sa portée rectiligne, c'est-à-dire du point où il commence à s'infléchir sensiblement vers la terre. Or, attendu que de deux boulets semblables frappant un même obstacle, celui-là doit y produire le plus d'effet qui serait en état, au moment de la rencontre, de parcourir un plus grand espace s'il n'en était empêché par l'obstacle (en vertu des raisons énoncées dans la quatrième proposition du livre premier de la *Science nouvelle*, nous devons en conclure que le boulet tiré du sommet de la montagne qui aurait encore 70 pas à parcourir en ligne droite au moment du choc produira plus d'effet que le boulet tiré de la plaine, lequel au moment du choc n'aurait plus que 40 pas à parcourir en ligne droite. On voit par là que la coulevrine ferait plus d'effet contre les murailles étant placée au sommet de la montagne qu'étant installée au pied ou dans la plaine, et tirée dans cette dernière position sous l'angle de 45 degrés, et à plus forte raison sous tout autre angle moindre. Mais il n'en serait plus de même si, par exemple, la distance de la forteresse à la pièce située dans la plaine n'était que de 600 pas au lieu de 760 que nous avons supposés précédemment, et qu'en même temps la distance horizontale de cette même forteresse à la pièce située au sommet de la montagne fût de 150 pas ; dans ce nouveau cas, je dis que la coulevrine que nous avons considérée ferait beaucoup plus d'effet contre les murailles étant installée au pied de la montagne, et tirant sous l'angle de 45 degrés, qu'elle n'en ferait tirant horizontalement du sommet de la montagne ; car dans ces nouvelles suppositions le boulet parti d'en bas rencontrera la muraille à 200 pas environ en avant du terme de son parcours rectiligne, tandis que parti d'en haut il ne lui resterait plus à parcourir en ligne droite, au moment du choc, qu'environ 50 pas; il y aurait donc environ 150 pas de différence dans les longueurs de trajet que les boulets auraient encore à parcourir en ligne droite, ou sans inflexion sensible, au moment du choc; d'où l'on peut inférer que la coulevrine non-seulement ferait plus d'effet en tirant de bas en haut, sous l'angle du sixième point de l'équerre, mais qu'il en serait encore de même en la tirant sous l'angle du cinquième point. Je m'abstiens toutefois de donner à Votre Excellence la démonstration de cette dernière assertion, dans la crainte d'abuser de sa patience, et je finis en remarquant que si, pour une hauteur aussi considérable que celle que nous avons admise en dernier (1), la coulevrine produit néanmoins plus d'effet en tirant de la plaine sous l'angle du sixième point et même sous celui du cinquième point, qu'elle n'en ferait en tirant du sommet de la montagne, à bien plus forte raison la même chose aurait-elle lieu dans le cas proposé par Votre Excellence, où il s'agissait d'une hauteur de la forteresse et de la montagne opposée de 60 pas seulement, avec un intervalle de 100 pas entre les deux sommités, ce qui (par la pénultième du premier d'Euclide) donne pour la ligne diamétrale ou diagonale *environ 116 pas, en négligeant les fractions, et cependant les boulets tirés du sommet avec la coulevrine que nous avons prise pour exemple rencontreraient les murailles de la forteresse à environ 140 pas en avant du terme de leur trajet en ligne droite; mais aussi dans ce cas, ceux qui partiraient du pied de la montagne auraient encore à l'instant du choc environ 684 pas à parcourir en ligne droite* (2). Une différence aussi considérable (je veux dire celle de 140 pas à 680 pas) entre les restes de chemin à faire en ligne droite avant de rencontrer le point à battre met

(1) Cette hauteur serait en effet de 537 pas dans le cas où le tir aurait lieu dans la plaine sous l'angle de 45°; et elle serait encore de 473 pas, si ce tir avait lieu au 5e point ou à 38° 50. (*Note du traducteur.*)

(2) Il y a dans le passage imprimé en caractères italiques plusieurs erreurs relativement peu importantes, mais que cependant nous croyons devoir signaler. D'abord au lieu de 140 il faudrait lire

dans une entière évidence que dans le cas dont il s'agit ici la coulevrine produirait plus d'effet en tirant du pied de la montagne qu'en tirant du sommet, et cela non-seulement en la pointant, dans le premier cas, au sixième point, mais même à tout autre point moins élevé de l'équerre, ce qu'il fallait démontrer.

LE DUC. Vous avez assez bien (*assai bene*) résolu la question que je vous avais proposée.

QUESTION TROISIÈME

Du même illustrissime seigneur duc, faite à la suite des deux précédentes.

LE DUC. Mais dans le cours de votre démonstration vous avez fait naître dans mon esprit un autre doute, une autre difficulté, en disant qu'un boulet lancé par une pièce d'artillerie ne va jamais parfaitement en ligne droite, dans au-

---

100 puisque la distance des deux sommets est de 100 pas, et que l'on suppose le trajet rectiligne dans le tir horizontal de 200 pas. Ensuite Tartaglia donne 116 pas pour la distance du tir en partant du pied de la montagne, tout en supposant que ce tir a lieu sous l'angle de 45° (puisqu'il suppose la longueur du trajet rectiligne de 800 pas); il y a là une confusion de sa part, 116 est l'hypoténuse d'un triangle rectangle dont les deux côtés de l'angle droit sont de 60 et de 100 ; mais l'angle qui y correspond n'est pas de 45°, il n'est que d'environ 31°, cas auquel le boulet ne parcourrait pas (dans la théorie de notre auteur) 800 pas en ligne droite, mais beaucoup moins. (*Note du traducteur.*)

cune partie de son mouvement, à moins qu'il ne soit tiré perpendiculairement de bas en haut vers le zénith.

TARTAGLIA. Ou perpendiculairement de haut en bas vers le centre de la terre.

LE DUC. Je suis complétement de votre avis à l'égard du mouvement rectiligne qui doit avoir lieu en tirant perpendiculairement à l'horizon, soit de bas en haut, soit de haut en bas. Ainsi que vous le dites, le mouvement du boulet ne peut, dans ce cas, être que parfaitement rectiligne dans toute son étendue; et je vous concède de plus que dans ces deux sortes de tir le boulet parcourt un plus long trajet en ligne droite qu'il ne le fait sous aucune autre direction par rapport à l'horizon. Mais que dans les différents tirs diversement inclinés, à l'exception des deux précités, aucune partie du trajet du boulet ne soit rectiligne, c'est là ce que je ne puis me résoudre à admettre, et je me fonde en cela sur ce que vous avez dit vous-même au sujet de la coulevrine de 20, qui d'après l'expérience de Vérone, étant disposée horizontalement et dirigée droit sur le but, portait son boulet jusqu'à environ 200 pas, ce qui revient à dire que le boulet parcourait environ 200 pas en ligne droite au jugement des sens. Si ultérieurement la raison vous fait trouver que ce trajet de 200 pas n'est pas entièrement parcouru en ligne droite, je suis tout disposé à vous l'accorder. Mais ne m'accorderez-vous pas à votre tour qu'elle peut au moins en tirer ainsi la moitié, c'est-à-dire 100 pas, ou bien, si 100 pas vous paraissent encore de trop, ne m'en accorderez-vous pas au moins 50.

TARTAGLIA. Non-seulement la pièce ne tirera pas ces 50 pas en ligne parfaitement droite, mais elle ne tirera pas même ainsi un seul pas.

LE DUC. C'est une extravagance (*pacia*) que vous dites là.

TARTAGLIA. La raison est ce qui satisfait l'intelligence, et nous fait discerner la vérité d'avec l'erreur.

LE DUC. J'en demeure d'accord.

TARTAGLIA. Puis donc que l'opinion de Votre Excellence est que le boulet projeté par la coulevrine dirigée horizontalement doit parcourir en ligne droite une partie du trajet de son mouvement violent, et que le reste de ce trajet se fait en ligne courbe, j'oserai la prier de me dire quelle est la cause, qui suivant elle, fait aller ainsi le boulet en ligne droite dans la partie du trajet qu'elle suppose être rectiligne et celle pour laquelle ce même boulet parcourt une ligne courbe dans la partie du trajet qu'elle regarde comme curviligne.

LE DUC. La cause qui fait que le boulet parcourt un certain espace, ou marche pendant un certain temps à travers l'air d'un mouvement rectiligne, consiste dans l'extrême vitesse dont ce boulet est animé au sortir de la pièce; plus tard, la force et la vitesse venant à manquer, le mouvement se ralentit, et le boulet s'abaisse progressivement vers la terre, jusqu'à ce qu'enfin il la rencontre et la frappe.

TARTAGLIA. Certainement Votre Excellence ne pouvait mieux répondre : c'est en effet la grande vitesse qui est la cause propre en vertu de laquelle le mouvement se rapproche de la ligne droite et y serait tout à fait ramené si la chose était possible; c'est aussi le défaut de vitesse qui fait que le boulet tend et décline vers la terre en suivant une ligne courbe, dont la courbure est d'autant plus considérable que la vitesse est moindre. Ces effets proviennent de ce que tout corps pesant lancé à travers l'air devient d'autant moins pesant (*se fa men grave*) (1) dans ce mouve-

(1) En lisant cette explication remplie d'erreurs, on ne peut ce-

ment qu'il a plus de vitesse ; d'où il suit qu'il traverse l'air suivant une direction plus rectiligne, parce que l'air soutient d'autant mieux les corps qu'ils sont plus légers ; cependant à l'égard des effets qu'il produit, le corps prend beaucoup plus de pesanteur que la sienne propre (*assumme molto maggior gravità della sua propria*) , et par suite plus un corps pesant a de vitesse (dans son mouvement violent), plus il produit d'effet contre les obstacles qu'il rencontre dans son trajet. Pareillement moins il a de vitesse, plus sa pesanteur augmente, et cette pesanteur le sollicite et l'attire continuellement vers la terre. Mais dans son action sur les

---

pendant méconnaître que Tartaglia était bien près d'être dans la bonne voie, et qu'il a été fourvoyé par le défaut de rigueur du langage scientifique qu'il a employé. Avec un pareil langage il était difficile de ne pas finir par être conduit à l'erreur, entraîné par le fil des idées fausses qu'il tendait à faire naître. Un même corps qui devient plus léger à mesure et par cela même qu'il est animé d'une plus grande vitesse! Quelle enfance de la physique? Mais au fond on ne peut douter que cela signifiât autre chose à l'origine, pour les hommes qui raisonnaient, sinon que le corps, en obéissant aux lois immuables de la pesanteur, s'abaissait dans ce cas d'une moindre quantité sur une longueur déterminée du trajet qu'il faisait en vertu du mouvement de projection. Si Tartaglia eût rapporté au temps l'espace parcouru en vertu de la pesanteur, au lieu de le rapporter à un autre espace parcouru en vertu d'une autre force, il est très-probable qu'il n'aurait pas commis l'erreur de physique que nous relevons, qu'il n'eût pas été entraîné à dire que la résistance de l'air au mouvement des corps diminue quand la vitesse augmente, et à d'autres absurdités qu'il serait trop long de relever. (*Note du traducteur.*)

objets qu'il rencontre il prend plus de légèreté ou moins de pesanteur, et par suite produit moins d'effet.

LE DUC. Je goûte assez ce raisonnement ; ainsi continuez.

TARTAGLIA. Je dis en conséquence que de ce qui précède, et qui est conforme à la raison naturelle, on peut tirer cette conclusion que là où le boulet lancé à travers l'air a plus de vitesse, il a aussi moins de pesanteur, et réciproquement que là où le boulet est animé de moins de vitesse, il est plus pesant.

LE DUC. Je vous accorde ce point.

TARTAGLIA. Je dis encore que là où le boulet est plus pesant, il est plus sollicité vers le centre du monde ou vers la terre.

LE DUC. Cela est très-vraisemblable.

TARTAGLIA. Maintenant, pour en venir à notre proposition, nous supposerons que la totalité du trajet à faire ou déjà fait par le boulet de la coulevrine précitée soit représentée par la ligne ABCD (fig. 27, pl. 3) ; puis, admettant un instant qu'une certaine portion de ce trajet puisse être parfaitement rectiligne, nous supposerons que ce soit la portion AB. Divisons cette portion en deux parties égales au point E ; cela fait nous dirons : en vertu de la troisième proposition du premier livre de la *Science nouvelle*, le boulet a plus de vitesse pendant qu'il parcourt l'espace AE qu'il n'en a en parcourant l'espace EB. Par conséquent la ligne AE sera plus droite que la ligne EB, chose absurde dans notre hypothèse ; car, si l'on regarde la ligne entière AB comme parfaitement droite, l'une des moitiés de cette ligne ne saurait être ni plus moins droite que l'autre ; et dire que l'une des moitiés est plus droite que l'autre, c'est dire que cette autre moitié, ou la partie EB, n'est pas parfaitement droite.

Que si après ce raisonnement quelqu'un prétendait que

la ligne AE du moins est parfaitement droite, il serait facile, par un raisonnement tout à fait semblable, de démontrer l'erreur de cette opinion. Car, divisant cette ligne AE en deux parties égales au point E, il est évident par les raisons précitées que la partie AF serait plus droite que la partie FE; donc cette dernière partie FE n'est pas parfaitement droite. Pareillement si l'on divisait derechef la ligne AF en deux parties égales, il serait évident, par les mêmes considérations que ci-dessus, que la moitié terminée en A serait plus droite que la moitié terminée en F. Ce raisonnement pouvant s'étendre ainsi indéfiniment, il s'ensuit de toute nécessité que non-seulement la ligne entière AB n'est pas parfaitement droite, mais qu'aucune portion de cette ligne, si petite qu'on la conçoive, ne saurait être exactement rectiligne, ce qu'il s'agissait de démontrer. On voit donc que le boulet de notre coulevrine tirée horizontalement ne suit une ligne parfaitement droite dans aucune partie, quelque petite qu'elle soit, de son mouvement, et quelque extrêmement grande que soit la vitesse avec laquelle il sorte de la bouche, parce que la vitesse, quelque grande qu'elle soit, n'est jamais suffisante, dans cette direction et d'autres analogues, pour lui imprimer un mouvement rectiligne. Seulement il faut reconnaître que plus il a de vitesse dans ces directions, plus son mouvement se rapproche de la ligne droite; mais sans jamais pouvoir y atteindre, en sorte qu'il serait plus convenable à cet égard de s'exprimer en disant que plus le boulet a de vitesse moins son mouvement a de courbure.

LE DUC. Mais alors d'où vient que très-souvent l'on voit le boulet frapper précisément au point sur lequel on a visé, car cela ne peut arriver que parce que le boulet a suivi une ligne droite.

TARTAGLIA. Monseigneur, ce fait ne nous prouve nullement

que le boulet suive une ligne droite, car bien souvent aussi on le voit frapper au-dessus même du point visé, chose impossible, si les mires étaient égales (*essendo le mire equale*) (1), parce que le boulet ne saurait alors couper la ligne visuelle (*ligne de mire*), parallèle à l'axe de la pièce. Mais de tels effets ne proviennent nullement ni de ce que le boulet suit une ligne droite, ni de ce qu'il s'élève au-dessus de la direction primitive; ils ont leur cause, ou dans la disposition des mires elles-mêmes, ou dans la manière dont on a visé. Il est bien vrai que s'il était possible de suivre le boulet de l'œil dans son mouvement, on jugerait qu'il suit pendant un certain espace une ligne très-droite, parce que nos sens sont inhabiles à discerner d'aussi faibles écarts que ceux dont il s'agit ici, de même qu'il arrive lorsqu'on regarde la mer en repos; elle nous semble alors, sur un très-long espace, parfaitement plane, et cependant nous savons, par le secours de la raison, qu'elle ne l'est pas, mais bien qu'elle est sphérique. Ainsi donc les jugements que nous portons d'après les indications du sens de la vue nous trompent fort souvent.

LE DUC. Les raisons que vous donnez sont bonnes sans

---

(1) Tartaglia appelle *mires* les petits objets que l'on était dans l'usage de placer au-dessus de la pièce, tant à la culasse qu'à l'extrémité de la volée, et dont les sommets servaient à déterminer ce que l'on appelait la ligne visuelle (ligne de mire); c'est ce qu'aujourd'hui dans les petites armes on appelle *la visière et le guidon*. En faisant varier les hauteurs relatives des deux mires, on obtenait toutes les inclinaisons possibles de cette ligne visuelle, dans les limites où l'on avait besoin de la faire varier. (Voir les questions, 7, 8, 9.) (*Note du traducteur.*)

doute, quoiqu'il me semble bien fort de dire qu'un boulet tiré avec une machine semblable et avec une force aussi prodigieuse ne fait aucune partie de son trajet en ligne droite. Toutefois, en considérant que dans la direction que vous avez supposée au tir la pesanteur est bien plus apte à faire infléchir le boulet ou à l'attirer vers la terre qu'elle ne le serait sous toute autre élévation, je pense que pour ce cas ce que vous dites est vrai. Mais peut-il en être de même en tirant le boulet sous une certaine élévation? Je ne le pense pas et je tiens pour certain que dans ce cas le boulet doit suivre pendant quelque temps une ligne droite à travers l'air, parce que la pesanteur est moins apte dans cette direction à faire dévier le boulet vers la terre que dans le tir horizontal.

TARTAGLIA. Votre Excellence a bien raison de dire que la pesanteur du boulet n'est pas aussi apte à le détourner de la direction de son mouvement dans le tir élevé que dans le tir parallèle à l'horizon, ou de niveau, ou de point en blanc (comme disent les artilleurs); il y a pour cela deux causes : l'une d'elles tient à ce que dans le tir horizontal (ainsi que nous l'avons expliqué en commençant) la pesanteur est plus grande, et la seconde à ce que dans le même cas l'action de la pesanteur a lieu perpendiculairement à la direction du mouvement, ce qui lui donne beaucoup plus de prise pour dévier le boulet. Car à mesure que la direction du tir se relève, celle de la pesanteur s'en rapproche de plus en plus et devient par là moins énergique, moins puissante pour en faire sortir le boulet. En outre (ainsi qu'on l'a démontré en commençant), à mesure que le tir se relève il devient de moins en moins courbe, sans cependant pouvoir arriver jamais à être en quelque endroit parfaitement rectiligne, excepté dans les deux cas dont il a été question, pour lesquels il a lieu perpendiculairement à l'horizon de bas en haut ou de haut en bas, parce que dans tout autre cas il y a toujours une certaine partie de la pesanteur qui a pour effet de détourner le boulet de la direction qui lui avait été imprimée. C'est ce que l'on peut aisément comprendre, sans autre explication, au moyen de la figure 28 (pl. 3), qui s'applique au tir en dessous de l'horizon aussi bien qu'au tir élevé. Le point A représente la bouche de la pièce d'où le boulet B est sorti ; on a représenté la pesanteur de ce boulet sous forme d'un pendule C, qui, quelle que soit la direction du tir, est toujours dirigé perpendiculairement vers la terre ; d'où, raisonnant comme il a été fait à l'égard du tir horizontal, il deviendra évident que dans aucune autre direction que les deux que nous avons ci-dessus rappelées le boulet lancé par la coulevrine ou par toute autre pièce ne saurait avoir aucune partie de son mouvement, quelque petite qu'on la suppose, parfaitement rectiligne ; ce qu'il s'agissait de démontrer.

LE DUC. Vous avez bien défendu votre cause ; nous en resterons là pour aujourd'hui. A mon retour de Pesaro je ferai faire l'expérience de vos inventions.

QUESTION QUATRIÈME

Faite par signor Gabriel Tadino de Martinengo, chevalier de Rhodes et prieur de Barletta.

LE PRIEUR. Lorsque l'on tire une pièce d'artillerie deux fois immédiatement l'une après l'autre, sous la même élévation, en dirigeant chaque fois le coup contre un seul et même but, chargeant toujours de la même manière, je demande si les deux coups sont égaux.

TARTAGLIA. Il n'y a pas de doute qu'ils doivent être différents, et que le second aura une plus longue portée que le premier.

LE PRIEUR. Quelle en est la raison ?

TARTAGLIA. Il y a pour cela deux raisons; la première tient à ce que lors du premier coup le boulet traverse un air tranquille, tandis qu'au second coup il le trouve non-seulement ébranlé par le boulet du premier coup, mais tendant encore fortement dans le sens du lieu vers lequel on tire. Et parce qu'il est plus facile de mettre en mouvement et de pénétrer dans un milieu déjà ébranlé et pénétré qu'il ne l'est de mouvoir et de pénétrer le même milieu à l'état de repos, il s'ensuit que le boulet du second coup, par cela même qu'il rencontrera moins d'obstacle à son mouvement que celui du premier coup, ira beaucoup plus loin que celui-ci. La seconde cause de plus longue portée au second coup tient à ce que le plus souvent la poudre mise dans la pièce au premier coup y trouve l'âme quelque peu humide (surtout lorsque la pièce était restée plusieurs jours sans tirer) ; il en résulte que cette poudre brûle moins vivement qu'elle ne le ferait si l'âme était sèche et un peu échauffée d'une chaleur tempérée, ayant pour effet de dissiper toute humidité que la poudre pourrait contenir et par là de la rendre plus vive à prendre feu et plus énergique. Ainsi par cette raison le boulet du premier coup ne sera pas chassé avec autant de force que celui du second, et telle est aussi la seconde cause pour laquelle la portée du second coup doit excéder celle du premier.

LE PRIEUR. Les raisons que vous venez de me donner me

plaisent beaucoup, et nous nous en tiendrons là pour ce soir (1)?

QUESTION CINQUIÈME

Faite par le même signor prieur de Barletta.

LE PRIEUR. Hier soir vous avez avancé et vous avez prouvé par de bonnes raisons naturelles que lorsque l'on fait tirer à une pièce deux coups l'un après l'autre, sous une même élévation, vers un même lieu et avec une même charge de poudre, la portée du second coup est beaucoup plus grande que celle du premier. Maintenant je vous demande si en continuant à tirer pendant longtemps la même pièce toujours sous la même élévation et vers le même lieu les portées iraient continuellement en augmentant.

TARTAGLIA. Non, signor, il n'en arriverait pas ainsi.

LE PRIEUR. Eh pourquoi? Ne m'avez-vous pas dit hier soir que le second coup avait une plus longue portée que le

---

(1) Nous doutons qu'il se trouve aujourd'hui dans toute l'Europe un artilleur (de ceux qui font marcher de front la théorie et la pratique de leur art) assez peu au courant de la physique de l'air, pour admettre la persistance que Tartaglia suppose d'un coup au suivant dans la direction de l'agitation de l'air produite par le tir. A son époque surtout, le temps necessaire pour charger et mettre le feu devait être bien plus que suffisant pour annihiler complétement les mouvements locaux produits par le passage d'un boulet, en présence de tant de causes toujours agissantes qui entretiennent l'air dans un mouvement continuel, telles que le vent, la chaleur du sol, l'émanation de vapeurs, etc., etc. (*Note du traducteur.*)

premier, parce que, d'une part, il trouvait l'air déjà ébranlé par ce premier coup, et même un peu en mouvement vers le lieu vers lequel on tire; et que, d'une autre part, la poudre introduite dans la pièce la trouve la seconde fois plus sèche et un peu échauffée. Or plus on tirera, plus le boulet trouvera sur son passage l'air déjà ébranlé et pénétré par les coups précédents, et en mouvement dans le sens du tir; plus en outre la poudre à chaque nouveau coup trouvera l'âme séchée et échauffée par la combustion des charges précédentes, et cette chaleur, suivant ce que vous avez dit, aura pour effet de dissiper l'humidité de la poudre, ce qui rend cette poudre plus prompte à s'enflammer, et par cela même plus énergique dans ses effets.

TARTAGLIA. Tout ce qu'a dit votre seigneurie est parfaitement exact; mais il y a dans le nouveau cas qu'elle me propose une circonstance particulière tout à fait défavorable au tir et que voici : La pièce en continuant de tirer s'échauffe de plus en plus; or plus elle s'échauffe plus son âme devient *attractive*, agissant en cela à la manière d'une ventouse que l'on a échauffée en y brûlant de l'étoupe (1). Le

(1) Voici encore un exemple du déplorable état de la physique au milieu du XVIe siècle. Sans doute l'échauffement de l'âme peut jusqu'à un certain point (c'est-à-dire nonobstant la présence de la lumière qui débouche dans le fond) être comparé à celui du petit vase appelé *ventouse*, dans lequel on fait le vide au moyen du feu pour pouvoir déterminer par son moyen une aspiration locale. Mais Tartaglia semble ne pas savoir que c'est moins l'échauffement de la ventouse qui produit cet effet, ou qui la rend, comme il dit, *attractive*, que son refroidissement ultérieur. Il semble n'avoir pas fait attention non plus que dans tous les cas, lorsque l'orifice de la ven-

boulet n'étant d'ailleurs chassé de la pièce que par l'exhalaison aérienne ou venteuse produite par le salpêtre, il arrive,

---

touse reste ouvert, il y a à chaque instant très-court (pendant la durée duquel on peut regarder la température comme stationnaire) équilibre momentané entre la pression de l'air ou du gaz intérieur et celle de l'air atmosphérique. En appliquant ces remarques à une pièce d'artillerie, fût-elle échauffée au plus haut degré compatible avec le bien du service, on doit reconnaître qu'il y a nécessairement équilibre au moment du tir entre la pression intérieure et celle de l'atmosphère, c'est-à-dire que pendant la courte durée de la combustion de la charge l'air extérieur n'a pas de tendance prépondérante à pénétrer dans l'âme, et que par conséquent sous ce rapport les gaz développés à l'intérieur sont absolument dans le même cas que si la pièce n'était pas échauffée. Ainsi donc c'est à tort que l'on regarderait l'échauffement des pièces comme une cause de diminution de la force provenant de la combustion d'une charge donnée. Reste donc dans son entier l'avantage qui résulte de l'élévation de la température des pièces sous le rapport de la dessication de la charge, dont parle Tartaglia, et sous celui d'une augmentation de la force élastique des gaz produits, dont il ne parle pas. On pourrait pousser bien plus avant les réflexions au sujet de la question proposée par le prieur de Barletta ; nous nous bornerons à indiquer quelques autres circonstances qu'il conviendrait de prendre en considération pour approfondir convenablement cette question. Tels sont, 1° la dilatation des parois de l'âme par suite d'échauffement ; 2° la formation d'égrènements, d'affouillements, de refoulements dans le métal de ces mêmes parois, par les effets de la chaleur produite, de la violence du courant gazeux, des battements de boulets ; 3° le rétrécissement que tend d'un autre côté à produire dans l'âme le dépôt progressif des produits solides de la combustion de la poudre ; 4° l'action hygrométrique de ces mêmes produits solides sur la vapeur atmosphérique, ou sur l'humidité de la charge, etc., etc. (*Note du traducteur.*)

à mesure que l'âme devient de plus en plus attractive, en devenant plus chaude, qu'elle retient et absorbe une plus grande quantité de la ventosité produite, qui devrait servir à chasser le boulet. Ainsi la force expulsive venant à diminuer et à diminuer de plus en plus au fur et à mesure du tir, le boulet doit nécessairement sortir de l'âme avec une vitesse de plus en plus petite, et par suite avoir des portées de plus en plus faibles.

LE PRIEUR. La raison que vous donnez là me paraît très-plausible. Cependant je vous demanderai comment on peut savoir que les deux premières circonstances, qui sont favorables à la portée (d'une part la grande agitation de l'air et le courant qui s'y établit vers le lieu où l'on tire constamment, de l'autre l'augmentation de force de la poudre due à l'échauffement), ne suffisent pas à compenser, et peut-être au delà, l'affaiblissement de la force impulsive dû à l'action attractive causée par l'échauffement de la pièce ; car, dans le premier cas, celle-ci tirerait continuellement de la même manière, parce que l'augmentation de force produite par les deux premières circonstances serait égale à la diminution occasionnée par la troisième; et, dans le second cas, les portées iraient en augmentant, parce que l'augmentation due aux deux premières circonstances l'emporterait sur la diminution due à la troisième.

TARTAGLIA. Certainement l'on ne peut nier que les deux premières circonstances, c'est-à-dire l'ébranlement de l'air et l'accroissement de force de la poudre, ne viennent grandement en aide et secours au mouvement du boulet et que pendant quelque temps ce secours ne supplée (et peut-être au delà) à la diminution de la force expulsive qui résulte de l'absorption qu'exerce l'âme de la pièce à mesure qu'elle s'échauffe; ainsi il arrive peut-être par suite de cet effet que le troisième et le quatrième coup soient équivalents au second ou en différent peu. Mais à la longue on doit regarder comme certain que les deux circonstances en question ne pourront pas suppléer à l'effet diminutif de la troisième à cause de la grande augmentation de chaleur qui résulte de la continuité du tir, augmentation qui rend la pièce de plus en plus attractive ou absorbante par rapport à l'exhalaison qui chasse le boulet. Ainsi, par cette raison, cette troisième circonstance devient prédominante sur les deux premières, et la pièce finit par tirer beaucoup moins loin qu'elle ne ferait sans cela.

LE PRIEUR. Mais si l'on rafraîchissait la pièce, en y versant de l'eau dans l'âme, ne pensez-vous pas qu'elle porterait plus loin en tirant toujours vers le même lieu.

TARTAGLIA. Nul doute que la pièce ne tirât plus loin si elle restait toujours tout à fait froide et sèche; mais en la refroidissant, comme vous dites, avec de l'eau, le métal échauffé absorbe (*sorbe*) de cette eau, et la réduit en vapeur aérienne, qui, ne pouvant rester dans l'intérieur de l'âme, est obligée d'en sortir peu à peu; cette vapeur, si elle ne portait pas en elle un principe d'humidité, et que la pièce elle-même restât sèche à l'intérieur, bien loin de diminuer la force du coup, devrait plutôt l'augmenter, parce qu'alors la pièce d'attractive qu'elle était deviendrait expulsive par l'effet de cette sortie continuelle de vapeur; mais attendu que cette vapeur est tout humide, il arrive qu'en rechargeant la pièce, alors même qu'elle paraît sèche, la poudre absorbe nécessairement un peu d'humidité, et par suite ne peut plus produire un effet aussi énergique qu'elle le ferait si la pièce avait pu être refroidie spontanément où sans l'intermède de l'eau.

LE PRIEUR. Vous m'avez grandement satisfait ce soir;

mais il est tard, et je veux que nous en restions là aujourd'hui.

QUESTION SIXIÈME

Faite par le même signor prieur de Barletta.

LE PRIEUR. Quelle est la cause qui fait qu'en augmentant la charge ordinaire d'une pièce d'artillerie, et tirant toujours droit sur le but, le coup frappe plus haut que lorsqu'il y avait moins de poudre.

TARTAGLIA. Cela vient de ce que le mouvement ou le trajet du boulet ainsi tiré avec augmentation de la quantité de poudre est moins courbe que celui du boulet tiré avec moins de poudre ; la différence entre les deux courbures se manifeste d'ailleurs davantage, ou devient plus apparente à la fin du mouvement que dans toute autre partie : d'où il suit que la partie du mouvement ou du trajet qui est moins courbe s'étend davantage et reste supérieure à celle qui a plus de courbure; et ainsi le point de percussion du boulet dont le mouvement est le moins courbe se trouve élevé au-dessus de celui du boulet dont le mouvement est le plus courbe, et l'est d'autant plus que la distance du tir est plus considérable : car en général le trajet le moins courbe se rapproche plus de se confondre avec une ligne droite que ne le fait le trajet le plus courbe, et la direction rectiligne déterminée par le prolongement de l'ame est toujours (quelle que soit d'ailleurs l'inclinaison du tir) située au-dessus de tous les mouvements ou trajets suivis par le boulet lancé violemment; en sorte que de tous ces mouvements ou trajets courbes celui qui se rapproche davantage du trajet rectiligne dont je viens de parler est toujours situé au-dessus de tout autre qui s'en approche moins. Ainsi, puisque le boulet projeté avec plus de poudre sort de l'âme avec plus de vitesse que celui qui est tiré avec moins de poudre, son mouvement est plus rapproché de la rectitude ou est moins courbe que celui de l'autre, et le point où il frappe le but est plus élevé.

LE PRIEUR. Je ne comprends pas bien ce que vous dites de la moindre courbure du mouvement du boulet tiré avec plus de poudre comparativement à celle du mouvement du boulet tiré avec moins de poudre. Est-ce que vous n'admettez pas qu'un boulet lancé par une pièce chargée avec la mesure ordinaire de poudre qui lui convient aille en ligne droite vers le point qui a été pris pour mire, lorsque la distance est peu considérable ?

TARTAGLIA. Je fais plus que de ne pas reconnaître ce mouvement en ligne droite, je le nie ; et c'est une question que j'ai déjà eu l'occasion de discuter anciennement devant feu Son Excellence le duc d'Urbin de bonne mémoire, père du duc actuel ; ainsi je soutiens qu'un boulet lancé par une bouche à feu quelconque, et sous une élévation ou inclinaison quelconque, autre que la perpendiculaire à l'horizon de bas en haut ou de haut en bas, ne va jamais et ne peut jamais aller en ligne parfaitement droite, dans aucune partie, quelque petite qu'elle soit de son mouvement.

LE PRIEUR. Je comprends que ce que vous dites soit la vérité, car si le trajet du boulet eût été primitivement rectiligne de la pièce au point sur lequel on avait visé, il n'y aurait pas de raison pour que, en augmentant ensuite la quantité de poudre, le boulet frappât au-dessus de ce même point servant toujours de mire, car il devrait frapper exactement au même endroit qu'il faisait d'abord avec moins de poudre. La question que je vous ai faite ce soir m'avait été suggérée précisément par cette réflexion qu'une augmentation de la charge ne me paraissait pas devoir produire l'effet de faire monter le boulet au-dessus de la direction rectiligne qu'il suivait d'abord. Malgré cela, demain soir nous reprendrons ce sujet qui m'intéresse et que je désire approfondir davantage avec vous.

QUESTION SEPTIÈME

Faite par le même signor prieur de Barletta.

LE PRIEUR. Hier soir vous avez conclu et démontré par de bonnes raisons naturelles qu'un boulet tiré par une pièce d'artillerie ne va jamais en ligne droite, dans aucune partie de son trajet, à moins qu'il ne soit projeté directement de bas en haut ou directement de haut en bas. Je vous demanderai maintenant d'où vient qu'en tirant contre quelque objet suivant la ligne de mire (*tirandose ad alcun segno de mira*) le coup donne quelquefois en dessous et quelquefois en dessus du point sur lequel on a visé.

TARTAGLIA. Tout cela provient des mires (*dalle mire*) (1) : si la mire de devant est précisément aussi élevée que celle de derrière, je veux dire que si toutes deux sont également distantes de la génératrice inférieure de l'âme (*dal fondo del vacuo della canna*), lorsque le canonnier, en visant sur un objet, aura dirigé son rayon visuel de manière à le faire exactement passer par les sommets des mires, le coup

(1) Voir la note sur la troisième question, page 106. (*Note du traducteur.*)

dans ce cas sera toujours un peu au-dessous du point visé, et sera d'autant plus au-dessous que la distance du tir sera plus considérable, et au contraire le coup sera d'autant moins éloigné du point visé que la distance sera moindre. La même chose aurait lieu, avec des différences plus considérables, si la mire de derrière était plus basse ou plus courte que celle de devant, bien entendu que les longueurs des mires dont je parle sont supposées rapportées à la génératrice inférieure de l'âme (*al fondo del vacuo della canna*).

LE PRIEUR. Je ne vous comprends pas.

TARTAGLIA. Pour que vous me compreniez mieux, je vais reprendre mon explication en m'aidant du dessin d'une pièce avec ses deux mires, C et D (fig. 23, pl. 9) que dans ce cas je supposerai égales, voulant dire par là que leurs deux extrémités (C et D) sont également éloignées de la génératrice inférieure de l'âme. Supposons de plus que l'objet sur lequel on a visé soit le point E situé dans le prolongement du rayon visuel CD ; je dis que dans ce cas le boulet frappera nécessairement toujours un peu au-dessous du point de visée, quelque rapproché qu'on le suppose de la pièce, car notre ligne visuelle, qui est la ligne CDE, sera dans toute son étendue parallèle à l'âme ou à son axe, ainsi qu'à son prolongement que je représente par la ligne FG. Or le point G est nécessairement en dessous du point E d'une quantité égale à la distance du point D à l'axe de l'âme : ainsi quand même le boulet parcourrait rigoureusement parlant une ligne droite, il rencontrerait le but en dessous du point E, ou au point G. Maintenant comme il a été démontré que dans ces sortes de tir le boulet ne suit jamais une ligne parfaitement droite, mais bien une ligne infléchie en dessous, il s'ensuit de toute nécessité que le boulet frappera plus bas que le point G, comme par exemple en un certain point I. De plus il est évident pour l'intelligence la plus vulgaire que la distance du point I au point E sera d'autant plus grande que le but sera plus éloigné, parce que le trajet du boulet s'infléchit d'autant plus qu'il se prolonge davantage. On peut donc regarder la première proposition comme suffisamment démontrée.

La seconde proposition, savoir, que si la mire de devant est plus haute que celle de derrière le point de rencontre du boulet sur le but sera également en dessous du point de visée et en sera à une distance plus considérable que dans le cas de l'égalité des deux égales ; cette seconde proposition porte aussi en elle-même son évidence, à la seule inspection de la figure 30 (pl. 4), et par conséquent je ne crois pas devoir m'étendre davantage sur ce sujet ; je ferai seulement remarquer que bien que les deux exemples ci-dessus aient supposé que le tir avait lieu horizontalement, ce qui a été dit doit s'entendre également du cas où le tir aurait lieu sous toute autre inclinaison.

LE PRIEUR. J'ai très-bien compris vos deux exemples ; mais il vous reste à m'expliquer l'autre troisième partie de ma question, savoir d'où vient que souvent l'on atteint le but et que par fois l'on frappe en dessous.

TARTAGLIA. Après avoir fait connaître la condition et la nature du coup qui a lieu quand les deux mires sont égales, ainsi que celles du coup qui résulte d'un tir dans lequel la mire de devant est plus haute que celle de derrière (deux cas dans lesquels le boulet frappe toujours nécessairement en dessous du but), il ne nous reste plus qu'à exposer la condition et la nature des coups qui peuvent résulter quand la mire de devant est un peu plus basse, c'est-à-dire un peu plus courte que celle de derrière, et quand je dis plus basse ou plus courte il doit toujours être bien entendu que cela se rapporte à la distance de leur sommet par rapport à la génératrice inférieure de l'âme de la pièce. Je dis donc que quand la mire de devant sera un peu plus basse que celle de derrière, il pourra arriver que tantôt l'on frappe droit sur le point visé, tantôt en dessus, et tantôt en dessous.

LE PRIEUR. Par quelle raison ?

TARTAGLIA. La raison est celle-ci : chaque fois que la mire de devant sera un peu plus basse que celle de derrière, notre ligne visuelle, en vertu du cinquième postulat (*petizione*) d'Euclide, devra nécessairement rencontrer quelque part la ligne droite qui forme le prolongement de l'axe de l'âme ; et attendu que le trajet que doit faire le boulet, bien qu'il n'ait pas lieu en ligne droite et ne se confonde pas en réalité avec le prolongement rectiligne de l'axe de l'âme, s'écarte cependant fort peu de ce prolongement pendant un long espace, il pourra se faire que l'intersection précitée des deux lignes droites ait lieu en tel point que la ligne visuelle coupera aussi le trajet que doit parcourir le boulet, et c'est ce qui arrivera en effet toutes les fois que la mire de devant sera plus basse que de raison par rapport à celle de derrière. Mais cette même intersection peut aussi se trouver en un point tel, que non-seulement la ligne visuelle ne coupera pas le trajet, mais n'arrivera pas même à le toucher ; cela en effet arrivera ainsi lorsque la mire de devant ne sera pas suffisamment plus basse que celle de derrière. Enfin il peut encore se faire que l'intersection de la ligne visuelle et du prolongement de l'axe se fasse de telle manière que la ligne visuelle soit précisément tangente au trajet du boulet, et c'est ce qui aura lieu lorsque la mire de devant sera plus basse que celle de derrière de la quantité convenable et voulue. Si donc il arrive par hasard que notre ligne visuelle coupe ledit trajet du boulet, et qu'en même temps il arrive aussi fortuitement que le point sur lequel on a visé soit précisément à l'intersection dont on vient de parler, il n'y a pas de doute que dans un tel cas le boulet frappera précisément le point visé. Mais si les choses étaient telles que le point à battre fût en deçà de ladite intersection, c'est-à-dire fût plus rapproché de la pièce, le boulet alors frapperait toujours un peu en dessous de ce point, et la quantité dont il frapperait ainsi en dessous serait d'autant plus grande que le point visé serait plus éloigné de l'intersection, c'est-à-dire plus rapproché de la pièce. Et si au contraire il arrivait que le point visé fût un peu au delà de l'intersection de la ligne visuelle avec le trajet du boulet ou un peu au-dessus de cette intersection, le boulet alors frapperait au-dessus du but, et d'autant plus au-dessus que le but serait plus éloigné de l'intersection (dans certaines limites cependant).

LE PRIEUR. Je ne vous comprends pas trop bien.

TARTAGLIA. Fixons les idées en prenant pour exemple la pièce représentée dans la figure 31 (pl. 4), et ayant les deux mires C et D; soit la mire D plus basse que la mire C, et soient en outre FG la ligne droite formant le prolongement de l'axe de l'âme, HI la ligne représentant le trajet du boulet, CDL notre ligne visuelle passant par les deux sommets C et D des deux mires, laquelle ligne, ainsi qu'il a été dit, doit nécessairement couper quelque part la ligne FG. Supposons qu'elle la coupe de manière à couper aussi la ligne HI au point K. Cela posé, je dis que si le point visé est précisément au point K, le boulet frappera précisément au but; que si par hasard il se trouve en deçà de l'intersection K ou plus rapproché de la pièce, comme par exemple au point M, le boulet frappera toujours un peu en dessous du but, parce que dans toute l'étendue dont il s'agit le trajet du boulet reste en dessous de la ligne visuelle, et plus le but sera ainsi éloigné du point K, c'est-à-dire rapproché de la pièce, plus le coup sera bas, sans que pourtant la quantité dont il sera en dessous du but puisse jamais égaler la distance qui sépare l'extrémité D de la mire de devant de l'axe de l'âme, distance qui est d'environ la moitié du diamètre de la pièce à la culasse ; c'est pourquoi toutes les fois que le but contre lequel on tire se trouve en deçà de l'intersection qui nous occupe, le canonnier ne saurait jamais commettre de grande erreur par le fait des mires. Maintenant si le but est situé au contraire au delà de l'intersection, par exemple en un point tel que L, le boulet dans ce cas frappera au-dessus du but, parce que pendant un long espace le trajet du boulet s'élève au-dessus de la ligne visuelle ; et plus le but sera éloigné du point K (dans la limite du long espace précité) plus le coup sera haut. Il est vrai toutefois qu'à la longue le boulet, par suite de la courbure de son trajet, ou de son mouvement naturel, reviendra à couper une seconde fois notre ligne visuelle, parce que cette ligne visuelle CDKL s'étend indéfiniment en ligne droite, tandis que le trajet du boulet, au lieu de suivre indéfiniment la direction HKI, s'infléchit avec le temps et se courbe vers la terre, finissant par redevenir rectiligne dans le mouvement naturel (s'il ne rencontrait point d'obstacle qui l'arrêtât) ; ainsi à la longue il doit nécessairement couper une seconde fois notre ligne visuelle. D'après cette remarque, si le point à battre était très-éloigné par delà la première intersection qui a lieu au point K, et que par hasard il se retrouvât précisément encore à l'endroit de la seconde intersection, il arriverait encore incontestablement que le boulet frapperait précisément le but, parce que chaque fois que notre ligne visuelle coupe le trajet du boulet, elle ne peut faire autrement que de le couper en deux points différents, dont l'un, le premier, ne saurait être fort éloigné de la pièce; tandis que l'autre doit nécessairement en être fort éloigné, et en quelque sorte à la fin du mouvement violent. Ainsi dans un tel cas, toutes les fois que l'objet ou le blanc sur lequel on vise se trouve précisément en l'un ou en l'autre des deux points d'intersection, le boulet doit nécessairement frapper précisément au but.

LE PRIEUR. Ces considérations m'intéressent vivement, et sont fort belles ; mais je n'ai pas trop bien compris ce que vous avez dit en dernier, savoir, que deux objets ou blancs (*segni*) étant posés en deux lieux différents, on pouvait tirer dessus et les frapper l'un et l'autre de but en blanc (*de mira*). Donnez-moi s'il se peut un exemple de ce cas en figure, car je vous avoue que la chose ne me semble pas possible.

TARTAGLIA. Soit pour exemple la pièce représentée dans la figure 32 (pl. 4), avec les deux mires C et D, conformes à la proposition, c'est-à-dire la mire D étant plus basse que la mire C d'une quantité telle, que la ligne visuelle coupe le trajet que doit parcourir le boulet ; soit de plus la ligne HIKLM le trajet entier fait ou à faire par le boulet en vertu du mouvement violent, en supposant qu'il ne soit point arrêté par quelque obstacle, et MN une partie du trajet fait ou à faire par le même boulet en vertu du mouvement naturel. Cela posé, je dis que si notre ligne visuelle, qui passe par les deux extrémités C et D des mires, coupe ce trajet HIKLMN, qui se prolonge indéfiniment en ligne droite (par les raisons précédemment exposées), elle ne peut faire autrement que de le couper en deux endroits, l'un situé dans la partie rectiligne (ou plutôt moins courbe) HIK, et l'autre soit dans la partie courbe KLM, soit dans le trajet naturel MN. Maintenant supposons que I soit le point d'intersection qui répond à la partie droite HIK, et que L soit celui qui répond à la partie courbe (ainsi que la figure 32 l'indique), je dis donc que si l'objet visé se trouve soit en l'une, soit en l'autre de ces deux intersections, c'est-à-dire soit au point I, soit au point L, le boulet frappera nécessairement le but; et de plus que si le point visé est au delà de la première intersection, c'est-à-dire du point I, mais non plus loin que le point K, le coup sera d'autant plus haut que la distance sera plus grande; que s'il est au contraire situé au delà du point K, mais sans dépasser le point L, le coup se rapprochera d'autant plus du but que la distance sera plus considérable; que si l'objet visé est situé quelque peu au delà du point L, le coup le frappera en dessous du point où aboutit le rayon visuel; enfin que s'il est bien plus éloigné que le point L il ne sera plus rencontré du tout, ce que la simple raison naturelle me paraît devoir suffire à vous faire comprendre.

LE PRIEUR. Je comprends que cela n'est que trop vrai; et certes c'est une belle chose que la théorie que vous venez de développer. Mais vous devez être fatigué, et nous en resterons là pour ce soir. Demain vous me direz le reste.

QUESTION HUITIÈME

Faite par le même signor prieur de Barletta.

LE PRIEUR. Reprenons notre sujet d'hier soir.

TARTAGLIA. Hier soir, si je me souviens bien, nous avons examiné tous les coups qui peuvent avoir lieu, lorsque, par suite du peu de hauteur de la mire de devant par rapport à celle de derrière, notre ligne visuelle coupe le trajet que doit suivre le boulet. Je vais ce soir vous exposer les différents effets ou coups qui peuvent se présenter lorsque la mire de devant, bien que plus basse que celle de derrière, ne l'est pas assez pour que la ligne visuelle puisse couper le trajet du boulet, en sorte que dans ce cas le boulet frappera nécessairement toujours en dessous du point visé, puisque dans l'étendue du tir le trajet du boulet reste toujours en dessous de notre ligne visuelle. Il y a, il est vrai, un certain point de notre ligne visuelle qui se rapproche plus que tout autre dudit trajet du boulet; et par conséquent si par hasard l'objet visé se trouvait précisément en ce point, bien que le boulet le frappât en dessous, cependant l'intervalle serait moindre que s'il s'était trouvé en tout autre lieu. Soit, pour fixer les idées, la pièce représentée dans la figure 33 (pl. 4), ayant les deux mires C et D, et soit HIK la ligne suivie par le boulet; nous supposons d'ailleurs la mire de devant D un peu plus courte ou plus basse que celle de derrière C, de manière toutefois que la ligne visuelle CDML, qui passera par les sommets des deux mires, ne puisse toucher ledit trajet HIK. Soit enfin M le lieu de cette ligne visuelle qui se rapproche le plus de la direction du trajet, je dis que si par hasard l'objet sur lequel on vise était au point M, le boulet frapperait à la vérité en dessous du point visé, c'est-à-dire en N, mais y frapperait plus près de ce point que si l'objet visé eût été en tout autre endroit; en effet soit qu'il fût au delà, par exemple en L, soit qu'il fût en deçà, comme en O, le boulet y passerait nécessairement plus en dessous de la ligne visuelle. Il y a toutefois entre les deux cas que nous venons d'indiquer cette différence que l'écart peut être beaucoup plus grand quand l'objet visé est au delà du point M que quand il est en deçà, ainsi que la figure le fait suffisamment comprendre.

LE PRIEUR. Arrêtons-nous, car je vous ai parfaitement compris quant à cette partie de la question.

QUESTION NEUVIÈME

Faite par le même signor prieur de Barletta.

LE PRIEUR. Continuez maintenant de m'expliquer la dernière partie du sujet qui nous occupe, c'est-à-dire ce qui a lieu lorsque la quantité dont la mire de devant est plus courte ou plus basse que celle de derrière est précisément ce qu'elle doit être.

TARTAGLIA. Lorsque la quantité dont la mire de devant est plus petite ou plus basse que celle de derrière est telle, que notre ligne visuelle, menée par les extrémités supérieures des deux mires et passant par l'objet sur lequel on tire, ne fait que toucher, sans la couper, la ligne suivie par le boulet, ainsi que cela est représenté dans la figure 34 (pl. 4), au point M, on peut dire avec raison que la pièce porte de but en blanc d'une quantité égale à toute la distance HM comprise entre la pièce et le point de contact M, parce que si par hasard l'objet sur lequel on vise se trouve être précisément en ce point de contact le boulet frappera exactement le but, tandis que s'il se trouve partout ailleurs qu'en ce point M le boulet touchera toujours au-dessous du but, et cela d'autant plus que l'objet visé sera plus éloigné de ce point de contact, soit au delà, soit en deçà. Seulement il convient de remarquer que s'il est en deçà, c'est-à-dire plus près de la pièce, le boulet ne peut jamais toucher très-bas, parce que la quantité dont il frappe en dessous ne saurait jamais égaler la hauteur de la mire de derrière, qui peut être évaluée à environ la moitié du diamètre de la pièce à la culasse, ainsi qu'il a déjà été dit à la fin de la septième question ; il suit de là que dans ce cas le défaut de justesse du tir en hauteur ne saurait jamais être considérable, comparativement à celui qui peut avoir lieu quand l'objet à battre est situé au delà du point d'intersection, ce dont l'intelligence la plus commune peut facilement se rendre compte.

LE PRIEUR. Pourquoi voulez-vous attribuer à la distance du point de contact précité la dénomination de portée de *but en blanc* de la pièce (*tirar de mirar*), et ne pas l'accorder à la distance du point d'intersection, alors que pourtant le boulet y frappe également le but, lorsque ce but se trouve précisément en ce point, ainsi que cela a été démontré dans la septième question ?

TARTAGLIA. Ma raison est que le point d'intersection ne répond pas à une distance déterminée, mais peut se trouver en une infinité de lieux différents, suivant la variété infinie des quantités dont la mire de devant peut être plus courte que celle de derrière (1). Le point de contact au contraire ne peut se trouver qu'en un seul endroit, et cet endroit est le plus éloigné de tous ceux dans lesquels la ligne de mire peut rencontrer le trajet du boulet. Par cette double considération d'être le plus éloigné des points où la ligne de mire peut rencontrer (2) le trajet du boulet, et d'être le moins variable de

(1) Ceci nous prouve qu'au temps de Tartaglia on n'avait pas encore eu l'idée de prescrire aux fondeurs la moindre régularité dans le tracé des pièces en ce qui concernait l'inclinaison de la ligne de mire naturelle. La ligne de mire employée recevait chaque fois son inclinaison de la position et de la saillie que le pointeur donnait de son seul chef aux deux petits objets (nommés mires) qu'il posait aux deux extrémités de la pièce pour régulariser le pointage. (*Note du traducteur.*)

(2) Sous-entendez : *pour la première fois.* (*Note du traducteur.*)

tous ces points, il m'a semblé que ce point de contact méritait plus que tout autre de recevoir la distinction que je lui ai attribuée.

LE PRIEUR. Vous avez raison, et cette dernière leçon n'a pas été moins belle que les deux précédentes.

QUESTION DIXIÈME

Faite par le même signor prieur de Barletta.

LE PRIEUR. Jusqu'ici vous m'avez expliqué la cause pour laquelle, quand on tire en dirigeant la pièce sur le but, il arrive tantôt que le boulet frappe au point visé, tantôt qu'il frappe au-dessus, et tantôt au-dessous; je voudrais maintenant savoir ce qui fait que quelquefois le coup donne beaucoup à droite ou à gauche du but.

TARTAGLIA. Deux causes peuvent donner lieu à ce défaut de direction : la première que je considérerai dépend des mires, dont tantôt l'une seulement, tantôt toutes les deux ne sont pas bien placées sur la ligne médiane supérieure de la pièce, ce qui oblige cette pièce à dévier son coup latéralement, parce que si la mire de derrière est par exemple à droite de la ligne médiane, la pièce donnera également à droite de l'objet sur lequel on aura visé; et si la mire de derrière est en dehors de la ligne médiane, mais vers la gauche, le coup de la pièce sera également dévié à gauche.

LE PRIEUR. Il me semble à moi que c'est le contraire de ce que vous dites qui devrait arriver, c'est-à-dire que si la mire de derrière, au lieu d'être dans la ligne médiane supérieure de la pièce, était à droite de cette ligne, ladite pièce devrait dévier vers le côté gauche.

TARTAGLIA. Non, signor, la chose est telle que je l'ai dite ; et pour vous en convaincre par la raison, aidons-nous de la figure d'une pièce (voir fig. 35, pl. 4), dont nous supposerons que la mire de derrière C est un peu en dehors de la ligne médiane supérieure et à droite de cette ligne, la mire de devant étant d'ailleurs exactement dans la ligne médiane. Supposons de plus que E soit le point sur lequel le canonnier a dirigé sa ligne visuelle passant par les extrémités des deux mires, il est clair que ce point E doit nécessairement se trouver en dehors de la direction que suivra le boulet et à gauche de cette direction, ainsi que l'indique la figure précitée, dans laquelle la ligne FG représente le trajet parcouru par le boulet. D'après cela, puisque le point visé est en dehors de cette direction et à gauche, il s'ensuit que le trajet a été dévié de la ligne visuelle et à droite de cette ligne, comme le montre la figure. Cet effet aurait lieu à plus forte raison si la mire de devant D était aussi en dehors de la ligne médiane de la pièce, mais de l'autre côté, c'est-à-dire à gauche de cette ligne.

La seconde cause qui peut donner lieu à des déviations latérales dépend de l'âme de la pièce, qui souvent n'est pas exactement au milieu du métal, par un défaut d'alézage ou de coulée, en sorte qu'il y a plus d'épaisseur de métal d'un côté que de l'autre. Il résulte de ce défaut de construction que quand même les deux mires seraient exactement placées sur les points culminants de la pièce, celle-ci ne pourrait produire que des coups déviés, parce que les points culminants de la surface extérieure de la pièce ne répondent pas à la ligne médiane ou à la génératrice supérieure de l'âme, dont la direction par conséquent diffère tout à fait de celle de la ligne visuelle. Pour remédier à ce défaut il est nécessaire de trouver par quelque industrie deux points de la surface extérieure qui répondent à la génératrice supérieure de l'âme, tant en arrière qu'en avant, pour y mettre et fixer les deux mires. Pour trouver la génératrice supérieure de l'âme, les canonniers ont coutume (à ce que j'ai entendu dire par quelques-uns) de se servir de deux règles (*liste over cantinelle*), de largeurs égales, et très-droites, dont ils mettent l'une dans l'âme le long de la génératrice inférieure et l'autre en dehors sur la pièce, faisant en sorte qu'une partie de cette dernière rencontre la partie de la première qui saille en dehors de la bouche; ils mettent ensuite les deux mires aux points de la surface extérieure où la règle placée sur la pièce touche le métal, tant en avant qu'en arrière. Ce moyen a l'avantage d'être très-simple et expéditif et n'est pas à blâmer, bien qu'il fût possible de trouver d'autres méthodes.

LE PRIEUR. Ne pourrait-on pas aussi trouver le moyen d'ajuster les mires sans recourir à aucune industrie étrangère, et en s'aidant seulement de la continuation du tir ?

TARTAGLIA. On le pourrait en effet. Supposons, par exemple, que la pièce donnât toujours à droite du point visé, il suffirait de pousser la mire (1) de derrière un peu vers la gauche ; et si par hasard la pièce portait alors à gauche du but, on repousserait un peu ladite mire vers la droite, et ainsi de proche en proche, jusqu'à ce que l'on arrivât à déterminer le véritable emplacement à donner à cette mire. Une fois cet emplacement trouvé, on le remarquerait d'un

---

(1) Les mires étaient en général faites de quelque matière agglutinante, comme de la cire molle, des bouts de bougie, ou, si elles étaient en bois ou en métal, c'était toujours avec un peu de cire qu'on les faisait adhérer. (*Note du traducteur.*)

signe particulier durable (dans le cas où la mire serait mobile), afin de n'avoir plus une autre fois à recommencer les mêmes tâtonnements.

LE PRIEUR. Je vous ai parfaitement compris, et nous nous en tiendrons là pour ce soir.

QUESTION ONZIÈME

Faite par le même signor prieur de Barletta.

LE PRIEUR. D'où vient qu'une pièce d'artillerie porte d'autant plus loin qu'elle a plus de longueur d'âme ?

TARTAGLIA. La proposition que vous énoncez là n'est pas générale, c'est-à-dire qu'il n'est pas exact de dire dans un sens absolu que les portées des pièces soient d'autant plus étendues que la longueur de l'âme est plus grande. Il est au contraire à présumer, ou plutôt l'on doit regarder comme certain, qu'il y a pour chaque espèce de pièce une certaine longueur d'âme déterminée, convenablement en rapport avec la charge de poudre et avec le projectile employés, qui donne la plus longue portée, en sorte que toutes les fois que la longueur de l'âme différera de cette longueur la plus convenable, soit en plus, soit en moins, les portées obtenues seront moindres. Je dis d'après cela qu'il importe beaucoup de connaître exactement cette longueur d'âme de plus grande portée pour chaque espèce de pièce, tirant avec une charge déterminée, afin de ne pas s'exposer à faire, sans une absolue nécessité, des pièces ou trop longues ou trop courtes qui donneraient de moindres portées que celles que l'on pourrait attendre de la même charge de poudre.

LE PRIEUR. Je crois que vous avez raison dans ce que vous dites, car je vois qu'on donne généralement aux canons et à toute espèce de pièce courte une charge ordinaire de poudre égale aux deux tiers du poids de leur boulet, tandis que les coulevrines de toute espèce, dont l'âme est plus longue, reçoivent pour charge ordinaire les quatre cinquièmes du poids de leur boulet ; ce que l'on fait, je crois, parce que si on ne les chargeait qu'aux deux tiers, comme les canons, elles ne porteraient pas aussi loin que ceux-ci.

TARTAGLIA. J'ignorais ce que vous venez de me dire, et certes je suis fort aise de l'avoir appris.

LE PRIEUR. C'est pourtant une chose fort connue du premier canonnier venu.

TARTAGLIA. Je suis convaincu que la chose étant elle doit être connue de chacun d'eux. Mais je me perds dans cette question, et je m'étonne beaucoup que les princes fassent couler des pièces avec un défaut aussi manifeste pour en venir ensuite à y remédier à grands frais, sans toutefois remédier à l'incommodité extrême qui en résulte dans le service.

LE PRIEUR. Mais les coulevrines auxquelles on donne plus de poudre qu'aux canons, portent aussi plus loin que les canons.

TARTAGLIA. Votre seigneurie en a-t-elle jamais fait faire l'expérience.

LE PRIEUR. Je n'ai jamais fait faire cette expérience, néanmoins je suis convaincu que cela est, parce que c'est une opinion généralement reçue parmi les artilleurs; d'ailleurs il ne saurait en être autrement, parce que la coulevrine ayant plus de longueur d'âme que le canon, en lui donnant en outre plus de poudre qu'à celui-ci, elle ne peut faire autrement que d'avoir de plus grandes portées que lui; d'un autre côté la dépense n'est pas aussi grande que vous la faites, car pour un canon du calibre de 20 la charge ordinaire de poudre est de 13 livres 4 onces, et l'on ne donne que 12 livres de poudre à la coulevrine du même calibre, ce qui ne fait que 2 livres 8 onces de plus ; la différence de 2 livres 8 onces de poudre dans la dépense est donc, comme vous voyez, une misère.

TARTAGLIA. Je n'oserai affirmer que la coulevrine doive tirer plus ou moins loin que le canon correspondant, n'ayant pas suffisamment éclairci cette question, faute de connaître exactement les proportions relatives des longueurs d'âme de ces deux sortes de pièces. Mais s'il est vrai qu'avec une charge seulement égale à celle du canon la coulevrine porte moins loin que ce dernier, je suis très-certain que pour lui faire produire précisément la même portée qu'au canon il faut nécessairement lui donner une plus forte charge; et qu'il faudra ajouter ainsi une quantité de poudre d'autant plus grande qu'il y aurait plus de différence entre sa portée et celle du canon à charges égales. Je conclus donc qu'il pourrait fort bien arriver, en tirant ladite coulevrine de 20 avec l'excès ordinaire de poudre qu'on lui donne comparativement au canon, que cette charge fût insuffisante pour faire arriver son boulet à la même distance que celui du canon. Il est vrai qu'il est possible aussi que ceux qui dans l'origine ont arrêté qu'il fallait lui donner une charge égale aux quatre cinquièmes du poids du boulet aient déterminé cette charge à la suite d'expériences faites en vue de lui faire produire des portées égales ou peut-être plus grandes que celles du canon. Mais c'est ce que l'on ne saurait affirmer ni nier à moins de quelque expérience spéciale. Quoi qu'il en soit, si ladite coulevrine porte moins loin que son canon à charges égales, c'est une erreur manifeste, c'est une chose ridicule que de venir ensuite nous dire: Nous remédierons à cette erreur en augmentant un peu la charge de ladite coulevrine afin qu'elle porte aussi loin que son canon, ou plus loin, car il pourrait arriver qu'en donnant au canon la même surcharge qu'à la coulevrine, sa portée en fût augmentée dans une proportion plus grande encore. Relativement à l'accroissement de dépense, que Votre Seigneurie regarde comme une misère, je le regarde moi comme beaucoup plus considérable que Votre Seigneurie ne l'imagine, parce que, si je ne me trompe, en même temps que l'on augmente les longueurs d'âme des coulevrines on augmente aussi les épaisseurs de ces pièces; la raison du moins le veut ainsi. Cela étant, il entre dans les coulevrines beaucoup plus de métal que dans les canons correspondants, et par suite elles doivent être beaucoup plus lourdes; d'où résulte conséquemment la nécessité d'un plus grand nombre de bœufs ou de chevaux, pour les conduire, celle d'un plus grand nombre d'hommes pour les servir, d'une plus grande quantité de fourrage pour les animaux et de vivres pour les servants, sans compter la solde de ces hommes qui leur est donnée soit par le prince qui les emploie, soit par les communes qui les fournissent d'après les ordres du prince. On voit donc surgir d'une erreur petite à l'origine des conséquences très-importantes en fin de compte; et si ces conséquences sont déjà très-importantes quand il ne s'agit que d'une coulevrine de 20, à plus forte raison mériteront-elles qu'on y ait égard quand il s'agira de coulevrines de 30, de 40, de 50 et de 60, comme j'ai entendu dire à des artilleurs que l'on en faisait.

LE PRIEUR. Il est certain qu'il entre plus de métal dans les coulevrines que dans les canons, et que par conséquent il faut plus d'animaux pour les transporter. J'ai sur ce sujet une note dans un de mes calepins, où se trouve tant la quantité de métal qui entre dans les diverses espèces de bouches à feu, que la longueur d'âme de chacune et le nombre d'animaux nécessaire pour les conduire.

TARTAGLIA. Je prierai Votre Seigneurie de vouloir bien m'en donner une copie, car ces renseignements pourront me servir quelque jour à quelque application.

LE PRIEUR. Très-volontiers. (*A son domestique :*) Apportez-moi ici le calepin que vous trouverez dans mon secrétaire (*mia cassa*).

LE DOMESTIQUE. Le voici, signor.

LE PRIEUR. C'est bien ; écrivez ce que je vais vous dicter :

Un fauconneau de 3 livres de balles de plomb a 5 pieds et demi de longueur et pèse ordinairement 400 livres ; il faut pour le conduire une paire de chevaux.

Un faucon de 6 a 7 pieds de longueur et pèse 890 livres ; il faut pour le conduire 2 paires de chevaux.

Les aspides de 12 ont 5 pieds et demi de longueur ; il y entre 1,300 livres de métal, et il faut pour leur transport 3 paires de chevaux.

Les sacres de 12, ayant 8 pieds de longueur et 1,400 livres de métal, exigent pour leur transport 4 paires de chevaux.

Les sacres de 12, qui ont 9 pieds de longueur et pèsent 2,150 livres, demandent 5 paires de chevaux.

Les sacres de 10, de 8 pieds de longueur, pèsent 1,300 livres et demandent 3 paires de chevaux.

La coulevrine de 16 livres de boulet de fer, de 7 pieds et demi de longueur, contient 1,750 livres de métal et demande pour la conduire 4 à 5 paires de chevaux.

Le passe-volant de 16, de 12 pieds de longueur, du poids de 2,740 livres, demande pour son transport 5 paires de bœufs.

La coulevrine de 14, longue de 8 pieds et demi et pesant 2,233 livres, demande 5 paires de bœufs.

La coulevrine de 20, longue de 10 pieds et du poids de 4,300 livres, demande pour son transport 7 paires de bœufs.

Un canon de 20, long de 7 pieds, pèse 2,200 livres et demande pour son transport 5 paires de bœufs.

Un canon de 20, de 8 pieds de longueur, pesant 2,500 livres, demande 5 à 6 paires de bœufs.

Une coulevrine de 30, de — pieds de longueur, pesant — livres, exige 8 paires de bœufs.

Un canon de 30, long de — pieds, pesant — livres, demande 6 paires de bœufs.

Une coulevrine de 50, ayant 10 pieds et demi de longueur, pèse 5,387 livres et demande 12 paires de bœufs pour la conduire.

Une autre coulevrine de 50, ayant 12 pieds de longueur et pesant 6,600 livres, demande 14 paires de bœufs.

Un canon de 50, de 8 pieds et demi de longueur, pèse 4,000 livres, et il faut pour le transporter 9 paires de bœufs.

Un canon de 100, de 9 pieds et demi de longueur, pèse 8,800 livres, et demande 18 paires de bœufs.

Les canons de 120, ayant 10 pieds de long et pesant 12,459 livres, demandent 25 paires de bœufs.

Les coulevrines de 120, longues de 15 pieds, pèsent 13,000 livres et ne demandent pas moins de 28 paires de bœufs.

TARTAGLIA. Votre Seigneurie peut s'arrêter, car je n'avais besoin que de la moitié des renseignements dont j'ai pris note.

LE PRIEUR. Il ne me reste à vous nommer que 6 autres pièces, et vous pourrez ainsi vous compléter. Ce sont :

Les bombardes du calibre de 250 livres de boulet de pierre, ayant 10 pieds et demi de longueur, pesant 8,900 livres et exigeant pour leur transport 18 à 19 paires de bœufs.

D'autres du calibre de 250, longues de 10 pieds, pesant

6,146, et demandant pour les conduire 12 paires de bœufs ;

D'autres du calibre de 100, longues aussi de 10 pieds, pesant 5,500 livres, et exigeant 11 paires de bœufs ;

D'autres également du calibre de 100, mais longues seulement de 8 pieds et demi, pesant 4,500 livres et exigeant 9 paires de bœufs.

Il y a encore des pièces courtaudes (*cortaldi*), du calibre de 45, ayant 7 pieds de longueur, pesant 2,540 livres et demandant pour leur transport 5 paires de bœufs ;

Et enfin une autre espèce de pièces courtaudes du calibre de 30, longues de 7 pieds et demi, pesant 1,600 livres et demandant pour les conduire 3 paires de bœufs.

TARTAGLIA. Les livres dont il est question dans ces renseignements sont-elles de l'espèce légère (*sottile*) ou de l'espèce forte (*grossa*) ; et pareillement les pieds dont il est parlé sont-ce des pieds de Venise ou des pieds plus ou moins grands ?

LE PRIEUR. Je crois que toutes les livres sont de l'espèce légère ; à l'égard des pieds, je ne sais trop que vous en dire ; cependant, comme cette note m'a été donnée à Barletta, il est possible que ce soient des pieds de ce pays-là ; mais je crois qu'ils sont égaux à ceux d'ici (*Venise*).

TARTAGLIA. Pour le moment il importe peu de savoir la chose d'une manière très-précise ; il me suffit d'avoir appris qu'un canon de 50, long de 8 pieds et demi, contient 4,000 livres de métal, et que des deux espèces de coulevrines du même calibre de 50, celle qui a 12 pieds de long pèse jusqu'à 6,600 livres, c'est-à-dire 2,600 livres de plus que le canon, et que cette même coulevrine exige 5 paires de bœufs de plus que le canon, lesquelles 5 paires de bœufs demanderont, je crois, 5 hommes pour les conduire. Jugez d'après cela si à la longue de telles différences de dépense peuvent avoir de l'importance, sans parler de la plus grande quantité de poudre à employer à chaque coup que l'on tire.

LE PRIEUR. Il y a de l'importance même à ne considérer qu'une pièce ; à plus forte raison y en a-t-il en considérant les choses en grand ; et certes, si je me portais bien, je voudrais faire l'expérience dont vous avez parlé.

QUESTION DOUZIÈME

Faite par le même signor prieur de Barletta.

LE PRIEUR. Hier soir nous avons longuement discuté sur la diminution de portée qui a lieu lorqu'on donne à l'âme d'une pièce trop ou trop peu de longueur. Je voudrais maintenant savoir comment on peut déterminer par le raisonnement quelle doit être la longueur d'une pièce, pour être dûment proportionnée à la charge de poudre qu'il convient de lui donner.

TARTAGLIA. Sa longueur doit être telle, que le boulet arrive à la bouche de la pièce ou à l'extrémité de l'âme, précisément à l'instant où la charge de poudre achève de se comburer; la raison en est qu'à cet instant toute la force expulsive de la poudre agit sur le boulet avec son maximum d'intensité (*nel colmo della sua furia over possanza*), et qu'en même temps le boulet ne rencontre plus d'autre obstacle à son mouvement que l'air ; ce boulet doit donc à cet instant se mouvoir avec une plus grande vitesse que si l'âme était soit plus longue, soit plus courte. En effet si l'âme était plus courte, le boulet sortirait de la bouche de la pièce avant que la totalité de la poudre fût réduite en flamme, ou que toute la force expulsive de la poudre ait agi sur lui ; une partie de cette poudre serait donc employée en pure perte, et peut-être arriverait-il alors que beaucoup de poudre serait projetée en dehors de la pièce avec le boulet, sans avoir pris feu. Que si au contraire l'âme était plus longue, à l'instant où la poudre achève de se réduire en feu, le boulet n'étant pas encore arrivé à la bouche de la pièce, ou ayant encore une petite longueur d'âme à parcourir avec le maximum de vitesse qu'il a acquise, éprouve pendant ce reste de trajet dans l'âme une grande résistance à son mouvement, parce que toutes fois qu'un corps immobile vient à toucher un corps qui se meut, il en interrompt le mouvement, et cela d'autant plus que le contact a lieu sur une plus grande étendue ou pendant plus de temps.

LE PRIEUR. Je vous ai très-bien compris, et votre explication me paraît très-satisfaisante ; nous continuerons ce sujet une autre fois (1).

---

(1) Les principes proposés par Tartaglia pour régler la longueur d'âme de plus grande portée se réduisent à des hypothèses tout à fait gratuites (pour ne pas dire inadmissibles), et de plus ces principes ne sont susceptibles d'aucune application. Ils sont hypothétiques : car sur quel fondement, par exemple, prétendrait-on que le maximum d'énergie de la poudre, brûlant au fond d'une bouche à feu, ait lieu au moment où les dernières portions de la charge sont brûlées? Comment prouverait-on que l'instant de ce maximum d'énergie ne varie pas, d'une part avec toutes les circonstances de la fabrication de la poudre qui influent sur ses effets, et de l'autre avec le degré de résistance que le projectile oppose au développement des gaz. En outre, admettant un moment le principe ci-dessus, comment entreprendrait-on de prouver que c'est au même moment (où toute la charge de poudre vient de brûler) que le projectile a acquis son maximum de vitesse, autrement dit qu'au delà de ce moment les résistances que le projectile éprouve dans l'âme l'empor-

QUESTION TREIZIÈME

Faite par le même signor prieur de Barletta.

LE PRIEUR. Hier soir vous m'avez démontré par de bonnes raisons à quelle condition devait satisfaire la longueur de

---

tent sur la pression que le débandement des gaz continue d'exercer à sa surface postérieure. Les principes de Tartaglia, avons-nous dit aussi, sont (en les supposant exacts) sans application possible. Et en effet ils exigent d'abord que l'on parte arbitrairement d'une charge de poudre et d'un mode de chargement déterminés, et que par une suite de tâtonnements on essaye ensuite de reconnaître la longueur qui satisfait le mieux à la condition non-seulement que toute la charge soit brûlée quand le projectile arrive à la bouche; mais encore que le projectile arrive à la bouche au moment précis où toute la charge vient de se brûler. Or comment constater de tels effets? Il vaut beaucoup mieux dans de telles recherches prendre la longueur de la bouche à feu pour point de départ, et régler ensuite la charge sur cette longueur de manière à en obtenir le maximum de vitesse à quelques mètres de la bouche à feu. Tout alors devient rationnel et susceptible de déterminations précises. La longueur de la bouche à feu serait déterminée, par exemple, par la condition d'être un maximum entre toutes les longueurs compatibles avec les exigences et les difficultés du service particulier auquel cette bouche à feu serait employée, et dans la détermination expérimentale de la charge de maximum d'effet, on aurait naturellement égard à l'espèce de poudre employée et au mode de chargement de cette poudre et du projectile dont on ferait usage; il y a plus, on aurait en même temps égard à l'accroissement de vitesse que le projectile reçoit encore en dehors de la bouche à feu par

l'âme d'une pièce d'artillerie, pour être dûment proportionnée à la mesure convenable de poudre, et au poids du boulet de cette même pièce, laquelle mesure convenable de poudre est censée être des deux tiers du poids du boulet. Maintenant je considère une pièce (par exemple un canon de 20), ayant précisément sa longueur d'âme proportionnée d'après ces principes, pour une charge de poudre des deux tiers du poids de son boulet, et je vous demande si en chargeant ensuite la pièce avec une plus grande quantité de poudre que lesdits deux tiers du poids du boulet, la portée sera augmentée.

TARTAGLIA. Oui, sans doute, la pièce dans ce cas portera un peu plus loin.

LE PRIEUR. Cela me paraît en contradiction avec les principes que vous avez posés hier soir, car en raisonnant d'après ces principes on trouve que le boulet sera sorti de la bouche de la pièce avant que toute ladite poudre ait achevé de se réduire en feu, en sorte que l'augmentation de force produite par la partie ajoutée à la charge ne se faisant sentir qu'après la sortie du boulet hors de la pièce, sera sans aucun effet sur lui; le boulet dans ce cas ne doit donc pas avoir plus de portée malgré la poudre mise en plus, puisque cette partie de la charge est à son égard comme si elle n'avait pas existé (1); sa portée doit donc être la même qu'avec la charge ordinaire.

---

l'expulsion des gaz à leur sortie, conformément à l'observation de Tartaglia dans la question suivante, observation à laquelle on ne peut qu'acquiescer, et qui prouve que Tartaglia connaissait parfaitement la cause mécanique de la force de la poudre. (*Note du traducteur.*)

(1) L'objection du prieur de Barletta est fort juste, mais il pou-

TARTAGLIA. La force venteuse engendrée par la portion de poudre ajoutée en plus, après la sortie du boulet hors de la bouche de la pièce, bien qu'elle ne puisse pas agir sur ce boulet pendant qu'il est encore dans l'âme, ne laissera pas cependant d'agir sur lui après sa sortie, ou lorqu'il se mouvra déjà dans l'air libre, car le vent produit par la poudre dans l'intérieur de l'âme accompagne toujours le boulet pendant quelque temps après qu'il est dehors, et ajoute ainsi un peu à son mouvement, bien entendu toutefois que cette force venteuse, par cela même qu'elle n'est plus renfermée dans l'âme, n'agit plus sur le boulet dans des conditions aussi avantageuses pour le mouvement, c'est-à-dire que son action ne sera pas proportionnelle, même à beaucoup près, à la quantité de poudre mise en plus dans la pièce.

LE PRIEUR. Je n'entends pas ce que vous voulez dire par une action proportionnelle.

---

vait la rendre plus forte par les deux remarques suivantes. Premièrement, l'addition d'une certaine quantité c de poudre à la charge C reconnue pour celle du maximum d'effet relativement à la longueur donnée à la pièce, occupe nécessairement une partie de l'âme que le boulet est censé avoir besoin de parcourir pour que toute la poudre de cette charge maximum C puisse brûler avant sa sortie. Il doit donc arriver par le seul fait de cette addition à la charge de maximum d'effet, non-seulement que la poudre c ajoutée brûlera au dehors de la pièce, mais que même une partie de la charge maximum C sera projetée après la sortie du boulet.

En second lieu, le poids de la poudre c ajoutée est une aggravation à la résistance que la poudre C avait à vaincre; cette poudre C ne pourra donc plus dans la nouvelle circonstance, communiquer au même projectile qu'une vitesse initiale inférieure à celle qu'elle lui communiquait d'abord. (*Note du traducteur.*)

TARTAGLIA. Pour vous faire comprendre ce que j'entends par l'action proportionnelle, supposons par exemple que notre canon de 20, tiré sous une certaine élévation déterminée avec la charge de poudre égale aux deux tiers du poids du boulet, ait une portée de 1,000 pas ; et qu'on le tire ensuite avec une charge égale au poids entier du boulet, c'est-à-dire égale à une fois et demie la charge primitive ou des deux tiers ; dans ce cas je dis que si la poudre ajoutée agissait proportionnellement sur le boulet, la pièce tirée sous la même inclinaison que d'abord devrait porter à 1,500 pas, c'est-à-dire à une fois et demie la distance à laquelle elle portait avec la charge des deux tiers. Mais je dis en outre que dans ce même cas non-seulement la pièce ne portera pas ainsi à 500 pas plus loin, mais que peut-être même l'augmentation de portée ne sera-t-elle pas de la moitié de ces 500 pas ou de 250 pas. Supposons toutefois qu'elle eût cet accroissement de portée de 250 pas, ce qui mettrait sa portée nouvelle à 1,250 pas, je dis maintenant qu'en ajoutant un nouveau tiers du poids du boulet à la charge, en sorte qu'elle fût égale à ce poids plus un tiers, ou à quatre tiers, l'accroissement de portée dû à ce second tiers ne sera pas aussi considérable que celui du premier tiers ajouté, c'est-à-dire qu'il ne sera pas de 250 pas, dont nous avons supposé qu'était le premier, mais sera de beaucoup moindre. Que si pareillement on ajoutait encore un nouveau tiers du poids du boulet à la charge, ce nouveau tiers augmenterait encore la portée, mais de beaucoup moins que n'aurait fait le second tiers ajouté. Ainsi chaque addition successive à la charge, jusqu'à une certaine limite, aurait pour effet d'ajouter quelque chose à la portée ; mais ces accroissements successifs iraient toujours en diminuant jusqu'à la limite précitée, au delà de laquelle de nouvelles additions de poudre ne produiraient plus d'accroissement de portée. Il pourrait même arriver que la quantité de poudre ajoutée eût pour effet non-seulement de ne plus accroître la portée mais de la diminuer.

LE PRIEUR. Vous avancez là une chose que je suis peu disposé à admettre, savoir que l'on pourrait ajouter telle quantité de poudre à la charge, au delà d'un certain terme, qui non-seulement ne produirait aucune augmentation de portée, mais y produirait une diminution.

TARTAGLIA. C'est ici le cas d'appliquer le proverbe vulgaire qui dit que *le trop est trop* (*Il soperchio rompe il coperchio*). Pour bien éclaircir ce doute, il faut se placer tout d'abord dans un cas extrême. Je suppose donc d'après ce principe que l'on charge la pièce avec une quantité de poudre, telle qu'elle en remplit entièrement l'âme, sauf, à l'extrémité, une longueur égale au diamètre du boulet, de manière à pouvoir y placer justement ce boulet; la pièce étant tirée dans cet état, je demande à Votre Seigneurie si elle croit que cette pièce porterait ainsi plus loin ou moins loin qu'étant chargée à l'ordinaire aux deux tiers du poids du boulet.

LE PRIEUR. Je crois qu'une pièce ainsi chargée crèverait, et que c'est dans ce sens que l'on pourrait appliquer avec raison votre proverbe que le trop est trop.

TARTAGLIA. Je ne m'arrêterai pas à examiner si dans un tel cas la pièce devrait ou non crever, parce que cela nous mènerait beaucoup trop loin, mais je suppose, pour l'objet que j'ai en vue, qu'elle pût résister.

LE PRIEUR. Dans cette hypothèse, si l'on mettait par-dessus la charge un boulet d'un calibre tellement juste, qu'il ne pût être introduit qu'à coup de masse; je tiens pour certain que la portée serait très-considérable.

TARTAGLIA. Dans tout ce qui a été dit jusqu'ici, et dans

tout ce que nous aurons à dire touchant les portées des pièces d'artillerie, on suppose toujours (à moins d'exprimer positivement le contraire) que les boulets sont égaux en diamètre, et en poids, de même aussi qu'ils sont également sphériques, parce que chacune de ces circonstances influe sur les effets du tir. D'après cela, dans la question que nous discutons, je dis qu'il est nécessaire d'admettre que le boulet mis sur la charge de la pièce remplie de poudre, soit du même poids, du même diamètre et du même degré de sphéricité, que celui qui sert dans le tir ordinaire à la charge des deux tiers du poids du boulet.

LE PRIEUR. En prenant le boulet comme vous le dites, la chose en effet devient douteuse.

TARTAGLIA. Douteuse? Non, il n'y a là aucun doute à avoir, et il est au contraire certain que, tirant la pièce remplie de poudre, la portée sera de beaucoup plus faible qu'elle ne l'est à la charge ordinaire.

LE PRIEUR. Quelle en est la raison?

TARTAGLIA. La voici. Toute espèce de poudre, quelque fine qu'elle soit, demande un certain temps pour se comburer : les portions qui se trouvent à l'endroit où l'on met le feu brûlent avant celles qui sont plus éloignées de ce point, et de celles-ci les portions les plus rapprochées du point d'inflammation brûlent avant les portions qui en sont plus éloignées. Admettant donc cette proposition, il est évident que toute portion de poudre dans l'âme de la pièce plus rapprochée qu'une autre de l'orifice intérieur de la lumière (*del foro dove segli da el fuoco*) (1) brûle avant cette autre portion

---

(1) Dans tout Tartaglia la lumière des bouches à feu, comme celle des armes portatives, est toujours désignée par une circonlocution.

plus éloignée; et afin d'être mieux compris divisons par la pensée toute la longueur de la charge en quatre parties. Cela posé, je dis que le quart qui se termine au trou de la lumière brûle avant la seconde partie qui lui est contiguë, et qu'en brûlant il donne lieu à la formation d'une si grande quantité d'exhalaison venteuse, que dix capacités égales à celle qu'occupait la poudre avant de prendra feu ne seraient pas capables de la contenir (1). Il suit de là qu'à mesure que ladite exhalaison se produit par la successivité de la combustion de la poudre il est nécessaire que cette exhalaison acquière par sa propre force un espace beaucoup plus grand que celui qu'occupait la poudre qui l'a produite, et cet espace elle ne peut l'acquérir que de deux manières : la première consiste à pousser en avant d'elle, en même temps que le boulet, le reste de la charge qui n'a pas encore pris feu et qui est du côté de la pièce; la seconde à faire crever la pièce; et attendu que probablement il est plus facile de chasser en avant la poudre avec le boulet que de faire crever la pièce, surtout alors que le boulet se trouve tout à fait à l'extrémité de l'âme, nous en conclurons que le premier quart de notre charge de poudre, celui qui se brûle le premier, pousse en avant par sa combustion successive le reste

---

Cette partie importante des bouches à feu n'a pas encore de nom particulier. (*Note du traducteur.*)

(1) Voilà donc, dès 1546, une première évaluation numérique de la force de la poudre, faite incidemment sans doute et sans aucun développement, mais qu'il est bon néanmoins de recueillir pour l'histoire de cette partie de la balistique. D'après cette évaluation de Tartaglia on dirait, dans le langage actuel de la science, que la force de la poudre est égale pour le moins, ou plutôt est plus grande que dix atmosphères. (*Note du traducteur.*)

de la poudre qui se trouve au-devant de lui, laquelle poudre conséquemment pousse à son tour le boulet. Et attendu que le boulet est extrêmement rapproché de la bouche, il ne peut faire autrement que d'en sortir à la première et moindre impulsion qu'il éprouve non directement par l'exhalaison venteuse, mais par l'intermédiaire de la poudre non encore enflammée, impulsion qui par cela même qu'elle a lieu dès le commencement de la combustion de la charge ne peut être que très-faible, du moins comparativement à celle que produirait directement l'exhalaison venteuse elle-même, arrivée à son maximum d'intensité. En outre, au sortir de la pièce, le boulet est suivi pendant quelque temps par la poudre intacte qui bientôt après tombe à terre, et cette poudre ainsi interposée entre le boulet et l'exhalaison venteuse, met entrave à l'action de celle-ci sur le boulet et ne nuit pas peu au mouvement de ce dernier. Ainsi par ces raisons le boulet, dans le cas que nous considérons, ne saurait aller loin. Que si l'on vient ensuite à recharger la pièce avec un peu moins de poudre, nul doute que la portée ne soit un peu plus grande que lorsque l'âme était remplie par la charge; car si, par exemple, il s'en fallait, dans ce second cas, de deux diamètres de boulet que l'âme ne fût remplie par la poudre, le boulet mis en place ne se trouverait pas aussi voisin de l'extrémité, et par suite il ne pourrait plus sortir de la bouche de la pièce au premier et moindre choc que lui transmettrait la poudre; il pourrait résister un peu plus longtemps que dans le premier cas, et pendant ce temps, une beaucoup plus grande quantité de poudre venant à se comburer, il se produirait une plus grande quantité d'exhalaison venteuse; d'où conséquemment le boulet serait frappé et poussé avec plus de violence. Et quand je dis poussé et frappé, il faut encore entendre qu'il s'agit d'un choc et d'une impulsion transmis par la poudre et non exercés directement par l'exhalaison venteuse elle-même, ainsi que cela a été expliqué dans le cas précédemment examiné. Concluons donc des raisons évidentes que nous venons d'exposer, que la portée du second coup considéré, fait avec moins de poudre, sera plus grande que celle du premier coup, pour lequel l'âme était presque entièrement remplie par la charge. Continuant le même système d'examen, je dis qu'en chargeant encore une fois la pièce avec moins de poudre, par exemple avec une quantité telle qu'il s'en fallût de trois diamètres du boulet que l'âme ne fût remplie, la portée serait de nouveau augmentée comparativement à celle qui avait lieu dans le second cas, où il ne restait que deux diamètres de boulet à parcourir par le projectile; et pareillement que s'il manquait quatre diamètres de boulet, la portée serait plus grande que s'il n'en manquait que trois, qu'elle serait plus grande avec cinq qu'avec quatre, et ainsi de suite, jusqu'à une certaine limite intermédiaire entre les deux extrêmes que nous avons considérés, limite qui jouirait de la propriété que, une fois atteinte, si l'on continuait de diminuer la quantité de poudre, la portée en serait diminuée de même qu'elle le serait aussi en augmentant la charge.

LE PRIEUR. Certainement c'est une belle théorie que celle que vous venez de développer; elle me plaît beaucoup, parce que je reconnais qu'en effet entre deux extrêmes opposés par leurs propriétés il doit nécessairement y avoir un point de juste milieu.

LE DOMESTIQUE. Signor, l'heure du souper est passée.

LE PRIEUR. En ce cas allons souper.

QUESTION QUATORZIÈME

Faite par le même signor prieur de Barletta.

LE PRIEUR. Que croyez-vous qui vaille mieux, de refouler fortement la poudre dans la pièce, ou de la laisser un peu dispersée, et non rassemblée.

TARTAGLIA. En toutes choses il convient d'adopter un juste milieu plutôt que l'un ou l'autre des deux extrêmes opposés qui s'y rapportent; en appliquant ce principe à la question que vous me proposez, je dirai donc que la poudre ne doit pas être fortement refoulée, mais ne doit pas non plus être dispersée. En effet la poudre très-fortement tassée oppose plus de résistance à la propagation du feu que ne ferait de la poudre moins refoulée; il en résulte que celle-ci exige plus de temps pour son entière combustion qu'elle ne ferait si elle était un peu dispersée. Or plus une poudre est lente à se comburer, plus les effets qu'elle produit sont faibles; et réciproquement plus une poudre est promptement réduite en feu, plus la force impulsive qu'elle exerce sur le boulet est énergique, parce que cette force agit alors plus instantanément. Des effets presque semblables ont lieu quand la poudre est très-dispersée et foisonnante (*rara*), et surtout quand sa forme est allongée, comme on le voit dans les traînées de poudre (*sementelle*) dont on se sert pour porter le feu à quelque objet éloigné; le bout de ces traînées auquel on met le feu brûle le premier, et de là la flamme se propage de proche en proche jusqu'à l'autre bout; plus la traînée est longue, plus il faut de temps à la poudre qui la compose pour être entièrement consumée. J'en dirai autant de ce qui se passe dans les pièces d'artillerie lorsqu'on y laisse la poudre dispersée; moins elle est rassemblée, plus elle occupe d'espace dans l'âme ou affecte une forme allongée; et par conséquent plus il faut de temps pour son entière combustion; ses effets dès lors ne sont pas aussi énergiques. De tout cela il faut conclure que la poudre ou très-fortement refoulée, ou trop peu rassemblée dans l'âme d'une pièce, perd en intensité de ses effets; que ce qu'il y a de mieux à faire est de prendre un moyen terme (ainsi qu'on l'a déjà dit), c'est-à-dire d'éviter les deux extrêmes opposés, en faisant en sorte qu'elle ne soit ni fortement refoulée, ni trop disséminée.

LE PRIEUR. Je partage votre manière de voir à cet égard.

QUESTION QUINZIÈME

Faite par le même signor prieur de Barletta.

LE PRIEUR. Qu'est-ce qui fait qu'une escopette ait un tir plus roide (tire plus en ligne droite) et porte plus loin de but en blanc (*de mira*) que ne fait une arquebuse, bien que la balle de l'arquebuse fasse plus d'effet, ou ait plus de pénétration que celle de l'escopette, à distance égale.

TARTAGLIA. Cela provient de ce que les balles des arquebuses sont probablement plus grosses que celles des escopettes, et de ce que le poids ou la masse (*la gravità*) (1) des projectiles

---

(1) Pour nous conformer au langage précis d'aujourd'hui, nous avons dû, dans le cours de cette traduction, rendre le mot *gravità* (qui revient assez souvent) tantôt par *pesanteur* ou *poids*, tantôt par *masse*, tantôt par *densité*. Nous faisons cette remarque pour que l'on

contribue plus à l'effet produit que ne fait la vitesse. Supposons, par exemple, une escopette qui porte à 400 pas de distance, de trajet rectiligne, une balle du poids d'une demi-once, et une arquebuse qui ne porte en ligne droite qu'à la distance de 300 pas, mais avec une balle du poids d'une once, je dis qu'à la distance de 100 ou 150 pas, la balle de l'arquebuse pénétrera plus avant que celle de l'escopette, bien qu'à cette distance la balle de l'escopette ait plus de vitesse que celle de l'arquebuse, par les raisons énoncées dans la quatrième proposition du premier livre de notre *Science nouvelle*. D'après cela, les choses étant comme le dit Votre Seigneurie, il est très-vraisemblable que les balles de l'arquebuse sont plus grosses que celles de l'escopette.

LE PRIEUR. Il est certain que les arquebuses tirent généralement de plus grosses balles que les escopettes, mais il est vrai aussi qu'il y a quelques espèces d'escopettes dont les balles sont du même calibre que celles de certaines arquebuses.

---

ne se fasse pas une idée fausse de l'état de la langue scientifique au milieu du XVIe siècle, époque à laquelle elle était encore très-pauvre. Mais telle est la lucidité avec laquelle Tartaglia expose toujours ses idées, qu'on ne peut jamais s'y méprendre, malgré le vague de l'expression. Tout en conservant autant qu'on a pu à son livre le cachet du temps, on a pensé que pour la clarté il convenait parfois de le faire parler dans ces circonstances comme il l'aurait fait avec la langue actuelle. Cette réflexion s'applique à l'emploi que nous faisons ici du mot projectile. Dans Tartaglia il n'est jamais question que de *balle* ou de *boulet* (*balla*), même quand il généralise une pensée comme ici. (*Note du traducteur.*)

TARTAGLIA. Mais alors, si une escopette tirant des balles semblables à celles d'une arquebuse, portait plus loin en ligne droite, que celle-ci, ou plus loin de but en blanc, nul doute que, à distance égale, l'escopette ne fît plus d'effet ou ne produisît de plus grands enfoncements que l'arquebuse.

LE PRIEUR. Cela est probable. Tenons-nous en là pour ce soir.

QUESTION SEIZIÈME

Faite par le même signor prieur de Barletta.

LE PRIEUR. D'où provient la cause pour laquelle, quand on tire en mer, avec une pièce d'artillerie, contre quelque vaisseau ou galère, il semble que cette pièce fasse peu d'effet comparativement à celui qu'elle produit en la tirant contre une grosse muraille. Car, les vaisseaux et les galères étant construits de planches de bois, on est tenté de croire qu'en mettant deux ou trois de ces bâtiments l'un contre l'autre, et tirant contre avec une grosse pièce, le boulet (comparativement à l'effet qu'il produit contre une forte muraille) devrait les traverser tous trois d'outre en outre, ainsi que les bagages y contenus, parce que tout dans ces bâtiments est en bois. Cependant il est rare qu'il puisse en traverser un seul d'outre en outre, et le plus souvent les boulets restent logés dans les vaisseaux ou les galères.

TARTAGLIA. La simple raison naturelle nous prouve qûe plus un objet oppose de résistance au mouvement, plus il est violemment poussé, heurté, ou pénétré par le mobile ou objet percutant. D'après cela, une muraille étant une chose stable et solide et qui empêche plus le mouvement du boulet de la pièce que ne peuvent le faire un vaisseau ou une galère en mer, à cause de la mobilité de ces bâtiments, qui fait qu'ils cèdent un peu au mouvement ou à la percussion du boulet, celui-ci ne peut y produire un effet ou une pénétration aussi considérable que si ce vaisseau ou cette galère étaient solidement assis en terre ferme, comme le sont les murailles. C'est par cette raison que les effets de l'artillerie contre les murailles ou généralement contre les objets immobiles et fixés en terre ferme sont plus grands que contre des bâtiments de mer qui sont mobiles. Toutefois l'effet d'un projectile d'artillerie contre un vaisseau ou une galère sera beaucoup plus considérable, lorsque ce vaisseau ou cette galère marcheront au-devant du coup, que lorsqu'ils fuiront devant lui, parce que, venant au-devant du coup, ils se meuvent en sens contraire du mouvement du boulet, qui par conséquent doit faire plus d'effet sur eux que s'ils étaient fixés en mer; au contraire, fuyant devant le coup, ils cèdent beaucoup plus à la percussion du boulet qu'ils ne feraient étant fixes en mer et en repos (1).

---

(1) Tartaglia s'exagère beaucoup (dans l'examen de cette question du Prieur de Barletta) l'influence que la mobilité des bâtiments en mer peut avoir pour amoindrir la percussion, en les faisant fuir en quelque sorte devant le coup. Quelque léger qu'on suppose un bâtiment, l'obstacle qu'il oppose à la communication du mouvement tant par sa propre inertie (qui dépend de sa masse et de celle de son chargement) que par l'inertie de l'eau à déplacer (qui dépend du volume du bâtiment) ; cet obstacle, disons-nous, est tel, que la vitesse du mouvement communiqué peut être complétement négligée par rapport à celle de l'effet local produit au point de percussion, et qui dépend de la cohésion de la matière sur la très-petite étendue de

QUESTION DIX-SEPTIÈME

Faite par le même signor prieur de Barletta.

LE PRIEUR. Dites-moi un peu si, dans le cas où, à la suite de quelque attaque imprévue, les pièces auraient été enclouées, il serait possible de trouver quelque moyen efficace et expéditif de les désenclouer sur-le-champ, et *ipso facto*. Je dis sur-le-champ, parce que beaucoup disent savoir préparer et préparent en effet certaine eau ou huile (1) qui, étant mise sur la lumière enclouée, corrode le clou au point de désenclouer la pièce. D'autres encore, à ce qui m'a été dit, arrivent au même but au moyen d'un trépan, c'est-à-dire par une opération semblable à celle que l'on pratique pour faire la première fois le canal de lumière. Mais l'un et l'autre de ces deux moyens demande beaucoup de temps, surtout lorsqu'il y a un grand nombre de pièces à désenclouer, et c'est pour éviter cet inconvénient que je voudrais connaitre un moyen de les désenclouer avec célérité.

---

surface où cette percussion a lieu. Toute la difficulté de la question du Prieur consistait en ce que probabablement il n'y avait pas encore eu jusque-là d'observations précises et vraiment comparatives des effets produits dans les bois de diverses essences et dans les maçonneries de diverses qualités. C'est à peine si aujourd'hui même cette question a été suffisamment éclaircie par les dernières expériences faites en 1834 à Metz. (*Note du traducteur.*)

(1) Probablement l'acide sulfurique, anciennement connu sous le nom d'*huile de vitriol*. (*Note du traducteur.*)

TARTAGLIA. Il me semble que l'on arriverait à ce résultat, en rechargeant toutes les pièces avec des boulets un peu aisés, c'est-à-dire qui ne fussent pas très-serrés dans l'âme. Après les avoir ainsi rechargées, on les pointerait comme on ferait pour s'en servir si elles n'étaient point enclouées, puis l'on ferait une traînée de poudre (*sementella*) le long de la génératrice inférieure de l'âme, depuis la bouche jusqu'au boulet, et enfin, pour ne pas les tirer inutilement, on attendrait l'occasion convenable pour y mettre le feu par la bouche. Par ce moyen non-seulement les pièces produiront leurs effets ordinaires, mais toutes, si je ne me trompe, se désencloueront en projetant au dehors le clou ou la broche de fer qui les enclouait, et il ne sera résulté de l'enclouage aucun malheur et aucun inconvénient.

LE PRIEUR. A coup sûr ce moyen est beau et présente un grand avantage; je ne pense même pas qu'il soit possible d'en trouver un meilleur, en admettant (comme vous le croyez) que le clou sera chassé au dehors au moment du tir.

TARTAGLIA. Je n'en doute nullement.

LE PRIEUR. Et si pourtant il y en avait quelqu'un qui résistât, parce qu'il serait mieux fixé dans la lumière que les autres, quel autre remède pourrait-on employer.

TARTAGLIA. Celui de recharger la pièce et de la tirer une seconde fois de la même manière. J'ajouterai cependant qu'on pourrait verser un peu d'huile très-chaude sur le clou, après avoir pris la précaution de chauffer la place avec des charbons ardents, et d'y façonner une espèce de godet avec de la terre glaise pour retenir l'huile chaude que l'on y mettrait; par cette opération l'huile chaude, pénétrant dans la lumière autour du clou qui la bouche, facilitera la sortie du clou rendu onctueux. On peut encore employer la précaution suivante au lieu de l'huile. Après avoir introduit et rassemblé la charge de poudre dans la pièce, et avant de mettre le boulet par-dessus, on ménagera un canal à travers cette poudre au moyen d'un bâton que l'on enfoncera jusqu'au fond de l'âme, de manière à aboutir tout près de la lumière enclouée. Cette simple précaution n'est pas inutile dans ce cas, et je crois qu'elle peut suppléer à l'emploi de l'huile chaude.

Le prieur. Je le crois pareillement, parce qu'au moment de la décharge la violence de la flamme trouve toutes les commissures mal jointes, et par cette raison je pense qu'il doit être inutile de préparer la matière avec de l'huile, soit chaude, soit froide (1). Comme il est, je crois, l'heure de sou-

---

(1) Aujourd'hui encore la question du désenclouage des pièces n'est pas regardée comme suffisamment éclaircie, et la méthode du tir en mettant le feu par la bouche est loin de donner aussi fréquemment de bons résultats qu'il paraît qu'elle le faisait du temps de Tartaglia. En cherchant à quelle circonstance une telle différence pourrait être attribuée, on ne voit que celle de l'adoption des grains de lumière en cuivre rouge. Les lumières percées dans ces grains se conservent plus longtemps que celles qui étaient autrefois percées dans le bronze : or pour quiconque a vu la forme irrégulière, anguleuse, que prend la coupe transversale du canal d'une lumière dégradée par l'effet du tir, il doit être évident que le clou doit beaucoup moins bien adhérer contre les parois d'une lumière évasée que contre celles d'une lumière restée cylindrique. Aussi a-t-on reconnu que c'était surtout dans le cas des lumières neuves ou à peu près intactes que le clou résiste à l'effet du tir.

Nous ferons aussi une remarque au sujet du percement d'une nouvelle lumière à côté de l'ancienne, autre méthode indiquée par

per, nous nous en tiendrons là pour ce soir, et de plus à l'avenir nous ne nous occuperons pas davantage d'artillerie, sur laquelle je ne saurais plus en ce moment que vous demander. Nos entretiens rouleront donc désormais sur quelque autre matière scientifique.

QUESTION DIX-HUITIÈME

Faite en 1542 par le signor Jacques d'Achaia à Venise, où il était venu pour la Sensa (1).

SIGNOR JACQUES. J'ai vu dans une expérience qu'en tirant une pièce d'artillerie contre une muraille dont elle était très-rapprochée (*molto propinquo*), l'effet ou l'enfoncement (*passata*) produit n'est pas aussi grand qu'il l'est en la tirant d'un peu plus loin (*alquanto più di lontano*). Or, par les

---

Tartaglia comme en usage de son temps, mais sur laquelle cet auteur ne donne aucun détail. Il nous souvient d'en avoir trouvé dans un autre auteur ancien, que nous croyons être Gentilini dans son *Istruzzione dei bombardieri*, 1598. On y recommande de ne pas percer la nouvelle lumière en avant de l'ancienne, mais bien latéralement, parceque, disait-on, une lumière trop avancée dans la charge met la pièce en danger d'éclater ou d'être fortement dégradée. Une telle recommandation mériterait encore aujourd'hui que l'on y eût égard, si la nouvelle lumière devait être percée en dehors du grain; mais on pense qu'on pourrait la négliger sans tirer à grande conséquence dans le cas où la nouvelle lumière ne sortirait pas des limites du grain, et en se réservant d'ailleurs de mettre un nouveau grain aussitôt qu'on en trouverait le temps. (*Note du traducteur.*)

(1) On appelle ainsi une foire qui se tient à Venise le jour de l'Ascension. (*Note du traducteur.*)

raisons énoncées dans votre *Science nouvelle*, c'est le contraire qui devrait arriver, parce que plus le boulet s'éloigne de la pièce, plus sa vitesse diminue, ainsi que vous le démontrez, et que le boulet allant moins vite, il produit moins d'effet, d'où il suit que plus le lieu contre lequel on tire est rapproché, plus l'effet produit par le boulet doit surpasser celui qu'il produit à une plus longue distance à laquelle il arrive avec une vitesse moindre. Cependant, ainsi que je l'ai déjà dit, l'expérience prouve que c'est tout le contraire qui a lieu, et je viens vous demander la cause de ce défaut d'accord.

TARTAGLIA. Pour résoudre cette difficulté, il convient de bien remarquer qu'une chose en mouvement communique toujours une partie de son mouvement à quelque autre chose. Ainsi quand le boulet vient à recevoir l'impulsion de la ventosité produite par le salpêtre, ce boulet et cette même ventosité tout ensemble mettent aussi en mouvement dans le même instant l'air qui leur est contigu dans l'âme de la pièce, et cet air à son tour transmet ce mouvement à d'autre air qui lui est contigu, et ainsi de suite, de proche en proche, si bien que, l'un poussant l'autre, le boulet se trouve chasser en avant de lui une grande quantité d'air de forme très-allongée ; cette forme ou colonne (1), bien que

(1) Tartaglia continue dans toute la suite de cette question, ainsi que dans la suivante, d'employer les mots *forme* ou *figure* là où l'on a mis dans la traduction le mot *colonne*. En nous servant de ce dernier mot (parce qu'il est en usage dans la langue scientifique actuelle), nous ne prétendons nullement faire dire à Tartaglia plus qu'il n'a dit relativement à la forme de la masse d'air condensée en avant du boulet

composée d'air, ne laisse pas, en raison de la violence de son mouvement, que d'être très-dense, si bien que pendant un certain temps très-court elle pénètre l'air en avant d'elle, comme ferait à peu près une poutre de bois. Toutefois cette pénétration de la colonne d'air ne s'étend pas très-loin; cet effet n'a lieu que pendant le temps qu'elle reste en avant du boulet qui la pousse. Mais le boulet étant de matière dense, il traverse l'air plus aisément que ne fait ladite colonne aérienne, et il a par suite une vitesse beaucoup plus considérable qu'elle, en sorte qu'au bout d'un temps très-court il laisse en arrière de lui cette colonne aérienne qui d'abord le précédait. Maintenant, pour en venir à notre première proposition, lorsque l'on tire une pièce d'artillerie contre un objet qui en est extrêmement rapproché (*molto propinquissimo*), la colonne aérienne qui précède le boulet frappe l'objet avant le boulet lui-même, et attendu que l'air qui compose cette colonne n'est pas apte de sa nature à pénétrer la matière de l'objet, il doit nécessairement arriver que l'extrémité antérieure de cette colonne, celle qui touche en premier l'objet, se réfléchisse en arrière, à l'encontre de la partie consécutive et du boulet qui la suit. Cela doit surtout arriver ainsi lorsque le tir a lieu horizontalement (1).

---

qu'il s'agit de désigner. Notre colonne n'est donc pour nous ni plutôt cylindrique ni plutôt conique que de toute autre forme. En un mot, rien n'est préjugé à cet égard, pas plus que dans Tartaglia. (*Note du traducteur.*)

(1) Parce que probablement, dans la pensée (non exprimée) de Tartaglia, l'objet contre lequel le tir avait lieu était vertical. (*Note du traducteur.*)

Cette réflexion (qui est continue) doit, à l'arrivée du boulet et du reste de la colonne d'air qui le précède immédiatement, produire sur le boulet une très-grande opposition, parce que le reste de la colonne d'air qui tend à marcher en avant est empêché d'abord par l'objet lui-même contre lequel on tire, et qu'elle n'est pas apte à pénétrer, comme on l'a déjà fait remarquer, et ensuite par la résistance de la première partie de la colonne qui est forcée de rejaillir en arrière. Dans cet état de choses, le mouvement du boulet en reçoit un grand obstacle, et l'effet qu'il était capable de produire en est grandement diminué. Il n'en est plus de même lorsque l'objet contre lequel on tire est à une certaine distance peu considérable (*mediocre*) de la pièce; le boulet dans ce cas, par suite de sa grande vitesse, laisse derrière lui la colonne aérienne, sinon tout entière, du moins en grande partie, si bien qu'à la distance médiocre dont il s'agit, l'effet du boulet sera augmenté de tout ce que sa vitesse ne sera pas diminuée par la réflexion et l'agitation de l'air (1).

(1) On voit dans tout ce que dit Tartaglia que ce qu'il appelle *l'effet du coup* se réduit à la profondeur de l'enfoncement du boulet, ou tout au plus aux effets apparents de sa percussion. Il eût pu remarquer qu'indépendamment de ces effets apparents il y en avait, dans le cas du tir très-rapproché, un autre à prendre en considération, et dû à l'ébranlement que l'objet contre lequel on tire (par exemple, la muraille) reçoit non-seulement du choc et de la pression du boulet à mesure qu'il s'enfonce, mais encore du choc de la colonne d'air qui l'avait précédé. Si Tartaglia avait fait cette remarque, et surtout s'il n'avait pas négligé d'indiquer la distance rap-

SIGNOR JACQUES. Votre raisonnement est très-satisfaisant, et je comprends que les choses ne peuvent pas avoir lieu autrement.

QUESTION DIX-NEUVIÈME

Faite par le même signor Jacques d'Achaia.

SIGNOR JACQUES. Mais j'ai une autre question à vous adresser, que je vous prie de m'éclaircir. Puisque, en tirant de trop près avec une pièce d'artillerie contre un objet, les effets de cette pièce ne sont pas aussi considérables qu'ils le seraient à une distance médiocre, d'après les raisons que vous en avez données et d'après les expériences que j'en ai faites (*per me fatte*), et puisque d'un autre côté, selon l'opinion commune, la même chose a lieu quand on tire la pièce de trop loin, c'est-à-dire que dans ce cas encore l'effet produit n'est pas aussi grand qu'en tirant à une distance médiocre, je désirerais savoir s'il est possible de déterminer la distance à laquelle le boulet produit le plus grand effet, qu'il est capable de produire dans toute l'étendue du trajet

---

prochée à laquelle la diminution de l'effet de la percussion du boulet dû à l'air condensé avait été remarquée, les auteurs venus après lui n'auraient pas méconnu, comme ils l'ont fait, l'esprit et la portée de son observation. De Vigenère, entre autres, n'eût probablement pas été amené (après avoir rappelé les principes de Tartaglia, sans toutefois citer cet auteur) à dire que la bonne distance du tir en brèche est de 150 à 300 et 400 pas (voir Moritz Meyer, *Manuel tech. des armes à feu*, I, 227). (*Note du traducteur.*)

qu'il parcourrait en supposant qu'il ne soit pas arrêté par quelque obstacle.

TARTAGLIA. Le point du trajet où un boulet produirait le plus grand effet contre un obstacle qu'il viendrait à y rencontrer est celui où il atteint l'extrémité de la colonne d'air dont il a été parlé dans la question précédente. Car si l'obstacle résistant était plus rapproché de la bouche de la pièce que ce point, la colonne d'air précitée le frapperait avant le boulet, ainsi qu'il a été dit dans la question précédente, et se réfléchirait ensuite en arrière à l'encontre du reste de ladite colonne d'air et du boulet, faisant par là jusqu'à un certain point obstacle au mouvement de ce boulet, ainsi qu'il a été dit. Que si au contraire l'obstacle résistant était situé plus loin que le point indiqué, aussitôt que le boulet serait tout à fait sorti de la colonne d'air condensé, en la devançant, il se trouverait dans un air en quelque sorte tranquille, qu'il aurait par conséquent un peu plus de difficulté à traverser qu'il n'en avait à pénétrer celui de ladite colonne aérienne, mue elle-même dans le même sens que le boulet. Ainsi donc une fois sorti de cette colonne d'air, le boulet perd continuellement une partie de sa force, et la perte éprouvée est d'autant plus considérable que le trajet parcouru est plus long ; or qui dit perte de force dit diminution de l'effet produit; donc par les deux considérations énoncées, le point ou le boulet produit son plus grand effet contre un obstacle qu'il vient à y rencontrer est précisément celui où il sort de l'extrémité de la colonne d'air précitée, et non plus en avant ni plus en arrière.

SIGNOR JACQUES. Il est à croire que les choses sont comme vous le dites, parce que je conçois effectivement qu'en ce point le boulet frappe sans plus éprouver aucun affaiblissement de force par la réflexion de l'air en mouvement, et sans en éprouver encore par la résistance de l'air en repos qu'il traverse.

QUESTION VINGTIÈME

Faite par un officier d'artillerie (capo de bombardieri) (1).

L'ARTILLEUR. Quelle est, selon vous, la raison pour laquelle on met deux bouchons de foin ou de filasse chaque fois que l'on charge une pièce d'artillerie, l'un après que l'on a mis la poudre, ou avant d'enfoncer le boulet, et l'autre après l'introduction du boulet?

TARTAGLIA. Je puis vous assurer que j'ignorais ce que vous venez de me dire, savoir qu'avant de placer le boulet dans la pièce on y enfonçait un bouchon de foin ou d'étoupe, et qu'on en mettait un second après l'introduction du boulet. Mais, puisque cela est ainsi (comme je le vois présentement),

---

(1) Il serait intéressant de connaître la signification précise du mot *capo de bombardieri* dans le cas actuel. On n'ose pas ici (comme on a cru pouvoir le faire dans l'épître dédicatoire de la *Science nouvelle*), le traduire par le mot *capitaine d'artillerie*, tant est grande l'ignorance qu'avoue ici le personnage revêtu de ce grade. Plus loin (livre III, questions 9 et 10) nous verrons figurer un *sotto capo dei bombardieri*. Etait-ce un capitaine en second, ou simplement ce que nous appellerions aujourd'hui un sous-officier. Nous remarquerons encore qu'à la question 24 ci-après Tartaglia, citant son interlocuteur de la question 21 qui est le même que celui qui nous occupe, le désigne sous le simple nom de *bombardero* (artilleur). (*Note du traducteur*.)

il me semble que ce serait à moi à vous demander la raison de cette précaution plutôt qu'à vous de me questionner à cet égard. Car, faisant usage de cette méthode chaque fois que vous chargez une pièce, vous devriez bien savoir par quel motif vous le faites, l'art devant en cela imiter la nature en ne faisant rien que pour quelque fin déterminée.

L'ARTILLEUR. Je vous dirai à cet égard que je n'ai pas beaucoup d'instruction (*non ho grammatica*), et que quand je charge comme je vous l'ai dit, je le fais parce que je l'ai vu faire à tous les autres.

TARTAGLIA. C'est ce qui se pratique dans un grand nombre d'arts tant mécaniques que libéraux ; je ne m'étonne donc pas de vous ni ne vous blâme ; je vous loue au contraire de chercher à connaître la cause des pratiques de votre art ; c'est ce que chacun devrait faire, parce que le savoir consiste précisément à connaître les choses pour arriver à leurs causes (*conoscere la cosa per la causa*). Revenons maintenant à notre sujet. Le premier bouchon, celui que l'on met, à ce que vous dites, par-dessus la poudre ou avant que l'on n'introduise le boulet, ne peut avoir, suivant moi, d'autre objet que de rassembler la poudre éparpillée le long de l'âme pendant le chargement de la pièce, de la réunir à celle qui est au fond, et de maintenir toute la charge rassemblée en sa place. A l'égard du second bouchon, celui que l'on met, dites-vous, par-dessus le boulet, il faut croire que le premier qui en fit usage y fut amené par quelque nécessité, telle que celle d'avoir à tirer de haut en bas. Dans ce cas en effet si l'on ne mettait pas un bouchon par-dessus le boulet, lorsqu'on viendrait à abaisser la pièce par devant pour la pointer, le boulet sortirait de la pièce ; il y a donc nécessité dans cette circonstance de mettre un bouchon sur le boulet.

L'ARTILLEUR. Vos explications sont très-bonnes ; mais la

vérité est que nous mettons aussi ce second bouchon lorsque nous tirons de bas en haut, cas dans lequel il n'y a pas à craindre l'inconvénient que vous signalez, celui de voir le boulet sortir de la pièce en la pointant. Je voudrais donc connaître le motif pour lequel on l'emploie alors.

TARTAGLIA. Cette cause n'est autre que l'ignorance. Car si vous connaissiez la cause de l'emploi de ce bouchon, vous ne le mettriez que dans le cas où la nécessité vous y astreindrait.

L'ARTILLEUR. Je comprends que vous n'avez que trop raison (1).

---

(1) Si le bouchon mis sur le boulet n'avait d'autre inconvénient que la manœuvre simple qui le concerne et la petite dépense qu'il entraîne son emploi, même hors des cas du tir en dessous de l'horizon, ne serait pas à blâmer. L'unité dans le service est une condition à laquelle on doit chercher à satisfaire autant que possible, et l'on peut ajouter en faveur de ce bouchon que même dans le tir horizontal, ou à peu près, le boulet est sujet à se déplacer pendant la mise en batterie, lorsqu'il n'est pas contenu en avant. Mais ce bouchon doit être compté au nombre des causes des anomalies du tir, tant en longueur qu'en direction, à cause des battements de boulet auxquels il donne lieu, même dans des pièces toutes neuves, lorsque le boulet, au lieu de pousser le bouchon devant lui, monte dessus et souvent le franchit quand le bouchon n'est pas suffisamment gros et serré. Cet inconvénient, pour ne pas se présenter immédiatement à l'esprit, n'est peut-être pas aussi généralement reconnu qu'il mériterait de l'être. (*Note du traducteur.*)

QUESTION VINGT ET UNIÈME

Faite par le même officier d'artillerie.

L'ARTILLEUR. Je veux vour raconter un fait (*una novella*) qui, j'en suis sûr, vous surprendra. Voici ce que c'est. Un jour que je faisais une batterie (*ritrovandomi a fare una bateria*), il arriva que, après avoir déjà tiré un grand nombre de coups, la pièce, par suite d'un certain dérangement (*per un certo disconzo*), se releva, au moment du tir, au point qu'elle alla toucher de la bouche contre terre. Pendant que j'étais occupé à rassembler des fascines (*in tanto io tendeva a radunar fachini con stanghe*) pour remettre la pièce dans sa position (1), un petit chien voulut (poussé par l'instinct de ces animaux) aller flairer la bouche de la pièce; aussitôt qu'il y fut arrivé, il fut attiré dans l'âme; ce qu'ayant vu les assis-

---

(1) L'accident qui a donné lieu à l'observation qui fait la matière de cette question ne s'explique à nos yeux que par la supposition que l'axe des tourillons était situé en un point de la longueur tel que la volée l'emportait sur la culasse, et qu'il fallait soutenir la pièce en avant dans le tir, ce que l'on faisait probablement avec un gabion placé près de la bouche. Ce devait être sans doute un bien grave inconvénient dans le service et dans le transport; mais rappelons à ce sujet qu'au nombre des armements des pièces il y avait au temps dont nous parlons un grand et très-fort cordage, nommé *combleau* en français, dont la destination spéciale était d'attacher invariablement la pièce sur son affût pendant la marche. (*Note du traducteur.*)

tants, quelques-uns coururent pour le secourir, et trouvèrent qu'il avait été attiré jusque près du fond de l'âme, d'où ils le retirèrent comme mort. J'ignore ce qu'il est devenu ensuite, mais je crois qu'il en mourut. Maintenant que vous semble de ce fait.

TARTAGLIA. Il ne me surprend pas, parce qu'une pièce qui tire beaucoup s'échauffe, et en s'échauffant devient attractive (ainsi qu'il a été dit dans la *question cinquième*), c'est-à-dire qu'elle agit alors à la manière d'une ventouse, après que l'on y a enflammé de l'étoupe. Il n'y a donc rien d'étonnant à ce qu'elle ait absorbé de bas en haut le petit chien, et je crois que si quelqu'un appuyait son ventre nu contre la bouche d'une pièce très-échauffée, ce quelqu'un resterait tellement adhérent à cette pièce, qu'il aurait de la peine à s'en détacher. La pièce d'ailleurs deviendrait beaucoup plus attractive dans le cas que nous considérons, si l'on bouchait ou étoupait le petit trou par lequel on met le feu à la charge (1).

L'ARTILLEUR. Votre explication me paraît très-plausible.

---

(1) La rapidité avec laquelle a dû se faire la condensation du gaz intérieur, à l'approche du petit chien, pour pouvoir l'aspirer comme il l'a été, prouve à notre avis, combien était grande la température des gaz au moment de l'explosion, par rapport à celle que conserve le métal de la pièce après le tir. Il en résulte qu'il y a un abaissement subit très-considérable de la température, d'où non-seulement condensation rapide des gaz permanents, mais précipitation, également très-rapide, à l'état solide d'une partie des produits de la combustion de la poudre qui remplissaient d'abord le vide de l'âme à l'état de vapeur. (*Note du traducteur.*)

QUESTION VINGT-DEUXIÈME

Faite par un fondeur d'artillerie.

LE FONDEUR. D'où vient que de toutes les pièces qui crèvent la plupart crèvent en arrière, à l'endroit où l'on met la poudre, ou bien à la bouche, tandis qu'il est rare d'en voir crever dans la partie intermédiaire. A dire vrai je ne suis nullement étonné de les voir crever à l'emplacement de la charge, parce que c'est là que toute la force de la poudre se manifeste ; mais je m'étonne grandement de les voir crever à la bouche, car il me semble qu'elles devraient plutôt crever dans la partie intermédiaire que là, parce que l'exhalaison du salpêtre (1) trouve à la bouche un large espace pour se développer, ce qu'il ne peut faire de même dans l'intérieur de l'âme au milieu de la longueur.

TARTAGLIA. A ce sujet, il convient de considérer que tout moteur peut éprouver deux sortes de difficultés ou de résistances au mouvement qu'il tend à imprimer à un corps sphérique pesant actuellement en repos, sur lequel il agit (*nel moverlo per trasverso*) (2). La première est de le mettre

---

(1) On a déjà fait remarquer que ce mot équivaut à celui de fluides élastiques produits par la combustion de la poudre. (*Note du traducteur.*)

(2) On ne sait au juste quel sens attacher à l'expression *per trasverso* dont Tartaglia se sert ici et plus loin. On avait pensé d'abord qu'elle faisait allusion à l'obliquité de l'impulsion primitive par rapport à la direction du mouvement déterminé par celle de l'âme de

d'abord en mouvement(1), car une fois en mouvement il n'y a plus autant de difficulté à le maintenir continuellement dans cet état. La seconde difficulté que peut éprouver le moteur consiste dans les obstacles que peut venir à rencontrer subitement le corps sphérique pesant dans le mouvement progressif (*per trasverso*) (2) qu'il lui a communiqué et qui ont un effet considérable sur l'action de ce moteur. Appliquant donc ces réflexions à l'exhalaison venteuse que cause le salpêtre, après sa production dans l'intérieur de la pièce, je dis qu'elle a deux grandes difficultés à surmonter. La première est de mouvoir ainsi subitement le boulet soutenu à l'état de repos. S'il arrive, dans cette circonstance subite, que la pièce n'ait pas l'épaisseur suffisante à l'endroit où l'action se produit, ou que son métal après la coulée ait été mal solidifié, ou que l'épaisseur soit plus faible d'un côté que de l'autre, cette pièce peut facilement crever dans l'emplacement dont il s'agit. Que si au contraire le métal oppose en cet endroit une bonne résistance et que l'exhalaison mette le boulet en mouvement, une fois celui-ci sorti de son em-

---

la pièce ; mais après réflexion on ne pense pas que ce fût là la pensée de Tartaglia, d'abord parce que cette interprétation ne s'applique plus à l'emploi que Tartaglia fait plus loin du mot *per trasverso*, et ensuite parce que cet auteur n'indique aucune des conséquences de cette impulsion oblique, quoique ce fût précisément le cas de le faire, au lieu de se jeter dans une explication tout hypothétique et fausse. (*Note du traducteur.*)

(1) C'est ce que l'on appellerait aujourd'hui la force d'inertie opposée par le corps destiné à être mis en mouvement. (*Note du traducteur.*)

(2) V. la note (2) de la page précédente.

placement, tout danger de crever a cessé pour la partie du fond de l'âme, à moins que par quelque accident extraordinaire, comme nous le dirons à la fin, le boulet ne vienne à rencontrer dans l'âme même un obstacle à son mouvement. Car dès que le boulet a commencé à se mouvoir, l'exhalaison le maintient aisément en mouvement, pourvu qu'elle ne rencontre pas de nouvel obstacle. Mais, arrivé à la bouche de la pièce, le boulet y rencontre la masse entière de l'air extérieur, qui s'oppose à sa sortie ainsi qu'à celle de l'exhalaison qui le pousse et qui s'y oppose avec d'autant plus d'union dans toutes ses parties et d'une manière d'autant plus énergique que la vitesse du boulet et de l'exhalaison est plus grande. Il suit de là qu'il se produit à la bouche une nouvelle difficulté, par suite de la lutte qui s'y établit entre l'exhalaison intérieure (qui pousse le boulet) et l'air extérieur, la première faisant effort pour sortir de l'âme, et le second s'opposant à cette sortie. Toutefois le résultat de cette lutte est toujours la sortie de l'exhalaison intérieure, qui a une puissance supérieure, et qui, en sortant triomphante, brise et disperse son ennemi vaincu, en donnant lieu à la détonation ou son bruyant que l'on entend alors. Car toute espèce de son, suivant les savants, n'est autre chose que le résultat de la percussion réciproque de deux corps inanimés (1); et celui qui se produit dans le cas qui nous occupe,

(1) Sans nous arrêter à faire remarquer que le mot *inanimé* est de trop dans la définition du son admise par Tartaglia, nous rappellerons que cette définition n'est pas complète dans l'état actuel de la physique; car on prouve expérimentalement que la percussion des corps ne produit aucun son dans le vide. C'est pourquoi aujourd'hui la

ne peut provenir que de la percussion de l'exhalaison engendrée dans l'intérieur de la pièce, avec l'air extérieur. Dans cette circonstance la bouche de la pièce, étant en quelque sorte au milieu de ce conflit, en souffre en général considérablement, et c'est pour cela que si la pièce n'a pas en cet endroit l'épaisseur convenable, ou s'il s'y trouve quelque vice caché, produit d'une mauvaise coulée, elle est très-sujette à y crever (1).

---

définition du son consiste à dire que c'est le résultat de tout ébranlement de l'air (dans certaines limites d'intensité), soit qu'il ait lieu immédiatement, soit qu'il vienne à la suite de l'ébranlement d'autres corps en contact avec l'air, et qui lui transmettent le mouvement vibratoire dont ils sont animés. (*Note du traducteur.*)

(1) Toute cete explication de la rupture des pièces près de la bouche est absolument erronée, aussi bien que le principe hypothétique sur lequel elle repose, et qui consiste à dire que le boulet et le fluide élastique de la poudre éprouvent à la bouche de la pièce une plus grande résistance à leur propagation que celle qu'ils éprouvaient dans l'intérieur de l'âme, même abstraction faite de la résistance due au frottement ou aux chocs contre les parois de l'âme. Ce n'est pas aujourd'hui qu'il serait nécessaire d'insister pour faire comprendre que la résistance de l'air n'est nullement plus grande au dehors que dans l'âme elle-même. La véritable cause de la rupture des pièces vers l'extrémité de la volée tient aux battements des boulets, battements d'autant plus énergiques qu'ils ont lieu plus loin du point où ils ont commencé, et cela par deux causes : la première venant de ce que la vitesse du boulet augmente progressivement jusqu'à la bouche; la seconde de ce que l'angle sous lequel chaque battement successif a lieu augmente par l'effet même du battement contre un métal plus ou moins mou qui se déprime sous le choc. Si à cela on ajoute que l'épaisseur des pièces va gé-

LE FONDEUR. Vos deux raisons me satisfont beaucoup; mais il me reste un autre doute à éclaircir. Quoique le plus

---

néralement en diminuant vers la bouche c'est-à-dire en sens inverse de l'énergie des battements, on aura tout ce qu'il faut pour comprendre la rupture des pièces à la volée, et généralement très-près de la bouche. — La théorie des battements des boulets et son importance étaient à peu près ignorées du temps de Tartaglia qui n'en dit qu'un mot, et comme en passant, un peu plus loin, dans la présente question à propos de quelques battements accidentels. Ce n'est pas ici le lieu d'entrer à cet égard dans de grands développements; nous nous bornerons à une espèce de résumé : « La seule présence du vent des boulets suffit pour donner lieu à des battements, mais ceux-là sont peu importants en eux-mêmes, du moins relativement parlant, tant que le vent n'excède pas les limites qui suffisent aux besoins du service. La présence d'un corps étranger et notamment d'un bouchon mou, compressible, placé en avant du boulet, peut en produire aussi ; capables comme les précédents d'occasionner de grandes anomalies dans le tir lorsque le vent est considérable, ces battements cependant ne sont pas non plus de ceux qui amènent en général la rupture des pièces à la bouche ni ailleurs, à moins que le métal n'en fût très-mauvais, comme cela arrivait fréquemment à l'origine de l'artillerie. Il n'en est pas de même de ceux qui sont produits à la suite de la dépression du métal de l'âme à l'emplacement primitif du boulet, dépression connue sous le nom de *logement du boulet*. Ce sont véritablement ceux-là qui deviennent destructeurs des pièces, et les rendent, comme on dit, *folles*, aussitôt que l'inclinaison du fond du logement sur la direction générale de la génératrice inférieure de l'âme atteint une certaine limite. Peu à peu les impressions produites dans les parois de l'âme par ces battements augmentent de profondeur par suite de leur répétition aux mêmes endroits. En outre cette profondeur des battements augmente, par

souvent les pièces crèvent (ainsi qu'il a été dit ci-dessus) dans la partie postérieure, à l'emplacement de la poudre, ou dans la partie antérieure, c'est-à-dire à la bouche, cependant elles crèvent aussi parfois au milieu, et je désirerais beaucoup que vous m'indiquassiez la cause de cet effet particulier.

TARTAGLIA. Les deux causes que j'ai assignées ci-dessus sont des causes générales qui font qu'ordinairement les pièces de tout genre souffrent plus dans les deux endroits désignés que dans tout autre point de leur longueur. Mais, indépendamment de ces deux causes générales, il est à présumer qu'il peut y en avoir un grand nombre d'autres accidentelles, qui non-seulement peuvent avoir pour effet d'augmenter l'effort que supportent les pièces dans ces deux

---

les raisons déjà indiquées, à mesure qu'ils ont lieu plus près de la bouche ; et enfin vient le moment où les impressions produites par les battements les plus éloignés acquièrent tellement de profondeur, que le métal de la pièce se renfle à l'extérieur, se gerce, crève et donne passage au boulet lorsqu'on continue le tir jusqu'à laisser produire cet effet. Nous pourrions étayer ces considérations de nombreuses observations recueillies dans des expériences authentiques et qui permettent de déterminer la limite inférieure de l'inclinaison du fond du logement du boulet sur l'âme de la pièce, à laquelle les battements commencent à devenir destructeurs ; mais cela nous mènerait trop loin en dehors de notre sujet. Nous n'ajouterons donc plus qu'une seule observation qui nous ramènera à ce sujet, c'est que les pièces de fonte de fer, dans lesquelles il ne se produit jamais de logement de boulet un peu prononcé, ne périssent jamais à la bouche, mais toujours en éclatant à la culasse. Cette réflexion suffit à elle seule pour infirmer et détruire la théorie de Tartaglia. (*Note du traducteur.*)

mêmes endroits, c'est-à-dire à la culasse et à la bouche, mais peuvent le produire aussi dans la partie intermédiaire de l'âme. Par exemple, si malheureusement le boulet, en parcourant la longueur de l'âme, y rencontrait quelque petit gravier en forme de coin, ou tout autre petit corps dur, et que par hasard, chemin faisant, il montât sur ce gravier ou sur ce petit corps dur, son mouvement en serait nécessairement modifié, parce qu'il arriverait de deux choses l'une : ou le boulet serait forcé de s'arrêter (*intertenersi*), ce qui aurait lieu s'il était très-serré dans la pièce, ou bien en passant par-dessus le corps étranger il ferait un petit saut, ce qui arriverait si le diamètre de l'âme était sensiblement plus grand que celui du boulet. Maintenant si le boulet était arrêté par le gravier ou le petit corps en forme de coin, et que l'obstacle ainsi créé fût considérable, il est évident que la pièce ne pourrait faire autrement que de crever, et qu'elle crèverait à l'emplacement de la poudre, si le coin s'était trouvé à l'origine du mouvement, qu'elle crèverait au milieu si le coin s'était trouvé au milieu, et qu'elle crèverait à la bouche s'il s'était trouvé à la bouche. Que si au contraire le boulet était dans le cas de pouvoir franchir par-dessus le petit corps, ainsi que je l'ai déjà dit, il ferait un bond au passage, ce qu'il ne pourrait faire sans frapper la paroi supérieure de l'âme, d'où il serait repoussé contre la paroi inférieure. Ces percussions et répercussions pouvant être assez fortes pour faire crever la pièce aux points où elles ont lieu, c'est là encore une des causes accidentelles capables de faire crever les pièces dans un lieu quelconque. Une autre cause à indiquer est un défaut de sphéricité des boulets ou la présence, en quelque point de leur surface, de quelque protubérance ; cette circonstance peut faire naître l'inconvénient précité du côté de la bouche. On peut encore citer comme cause de rupture accidentelle, au moins dans le cas des pièces de bronze, l'échauffement considérable qui résulte d'un tir prolongé, parce que la nature du bronze est de devenir cassant par l'échauffement. Une pièce qui tire de bas en haut supporte aussi un plus grand effort que celle qui tire en plaine. Il peut aussi y avoir des causes de rupture accidentelles et locales provenant de défauts de coulée, tels que fentes (*comessure*), cavités, tantôt cachées dans la masse du métal, tantôt aboutissant à la surface, mais qui, pour être dans l'intérieur de l'âme, ne sont pas en vue. Quelquefois encore l'âme n'est pas exactement au milieu de la masse du métal, mais se rapproche plus d'un côté que de l'autre; dans ce cas le métal, ayant moins d'épaisseur d'un côté qu'il ne devrait en avoir, se trouve plus faible et met la pièce en danger d'éclater. Voilà tout ce que je saurais vous dire au sujet de la rupture des pièces.

LE FONDEUR. Vous m'avez amplement satisfait sur les doutes que je vous ai proposés.

QUESTION VINGT-TROISIÈME

Faite par M. Alberghetto di Alberghetti en avril 1545, à Venise.

SIGNOR ALBERGHETTO. Serait-il possible de reconnaître si une pièce d'artillerie récemment montée sur son affût, ou récemment achevée, et qui n'aurait jamais tiré, sera dans le cas de tirer juste ou faux, et cela sans la tirer préalablement.

TARTAGLIA. Cette question revient à savoir s'il y a moyen de reconnaître que l'âme est ou non située droit au milieu du métal de la pièce, et, dans le cas où elle ne serait pas au milieu, s'il y a moyen de déterminer de quel côté elle s'incline ; la chose ne me paraît pas difficile, et j'entrevois que l'on pourrait y parvenir de plusieurs manières ; mais pour en indiquer une qui soit sûre et facile il faudrait y réfléchir un peu.

ALBERGHETTO. Pensez-y donc un peu, car je me suis déjà adressé pour cette question à plusieurs personnes qui s'occupent de mécanique (*de ingegno*), et je n'en ai pu trouver aucune qui ait su me la résoudre.

TARTAGLIA. J'ai pensé à votre affaire, et je trouve en effet que le problème que vous m'avez proposé peut se résoudre de plusieurs manières. Voici celle qui m'a paru la plus convenable et la plus simple. Il faut prendre deux tringles de bois bien droites, bien aplanies et d'égales largeurs, d'une longueur égale à celle de l'âme de la pièce, plus une brasse (1). Dans cet excédant de la longueur d'une brasse, on mettra et l'on fixera par des clous deux traverses longues (pour le moins) comme le demi-diamètre de la culasse (2) (voir les fig. 36 et 37, pl. 4), et distantes l'une de l'autre d'environ une brasse pour qu'elles puissent mieux assurer le parallélisme des deux tringles. Cela fait, on introduira l'une des deux tringles dans l'âme de la pièce, laissant l'autre en dehors. Maintenant, pour savoir si la pièce a plus d'épaisseur autour de l'âme d'un côté que de l'autre, voici ce qu'il faudra faire. On appliquera la tringle intérieure le long de la génératrice supérieure de l'âme (*rettamente per la parte superiore del vacuo de detta canna*), et l'on mesurera ou fera mesurer avec soin la distance qu'il

---

(1) On pense qu'il s'agit de la brasse de Venise qui équivaut à 613 mill. (*Note du traducteur.*)

(2) L'examen de la figure fait voir que cette mesure doit être prise dans œuvre, étant celle qui sert à fixer l'écartement des deux tringles. (*Note du traducteur.*)

y aura entre le métal de la pièce et l'extrémité libre de la tringle extérieure. Cela fait, on transportera un peu latéralement contre la paroi de l'âme la tringle intérieure, et l'on opérera dans cette nouvelle position comme dans la première, c'est-à-dire que l'on fera examiner et mesurer avec soin la distance entre le métal de la pièce et l'extrémité libre de la tringle extérieure; si dans la seconde position la distance en question est précisément la même que dans la première, on pourra en conclure que l'épaisseur de la pièce est exactement la même aux deux endroits observés, mais si au contraire la seconde distance mesurée était plus grande que la première, il faudrait en conclure que l'épaisseur de la pièce est moindre au second endroit qu'au premier, et d'autant moindre que ladite seconde distance mesurée excéderait davantage la première. Pareillement si dans la seconde position de l'instrument la distance entre le métal de la pièce et l'extrémité libre de la tringle extérieure était moindre que dans la première position, il faudrait en conclure tout le contraire de ce que l'on a expliqué, c'est-à-dire que dans cette seconde position l'épaisseur de la pièce est plus grande que dans la première. Procédant de la même manière de point en point tout autour de la pièce, on arrivera ainsi à reconnaître avec évidence si l'âme est ou non précisément droit au milieu du métal, parce que toutes les fois que l'on trouvera l'épaisseur égale tout autour, on pourra en conclure que l'âme est directement au milieu, et que par conséquent le tir de la pièce doit être régulier et tel qu'il doit résulter de sa configuration extérieure. Supposons maintenant qu'à la suite de l'opération décrite on trouve que les épaisseurs de la pièce sont plus grandes d'un côté que de l'autre, on en conclura que l'âme n'est pas directement au milieu du métal, et que par suite son tir ne sera pas conforme à l'apparence extérieure de l'ensemble de la pièce ; au lieu d'être dirigé suivant le prolongement de l'axe, il sera toujours plus ou moins oblique par rapport à cette direction, et cela vers le côté où l'épaisseur sera plus grande. Ainsi, lorsque l'excès d'épaisseur se trouvera du côté droit, le tir sera dévié à droite, et réciproquement. Et si l'excès d'épaisseur avait lieu dans quelque région intermédiaire de la section transversale (*in sgalembro*), par exemple entre le côté droit et le point culminant de la pièce, le tir serait encore dévié dans le plan intermédiaire correspondant (*in sgalembro*), c'est-à-dire obliquement vers le haut et du même côté où serait l'excès d'épaisseur. Et c'est ainsi que l'on doit entendre et conclure qu'en général le tir sera dévié du côté de la plus grande épaisseur.

Afin de me faire mieux comprendre, je vais maintenant appliquer tout ce qui a été dit ci-dessus à un exemple figuratif. Soit donc la pièce représentée dans la fig. 36 celle que l'on veut soumettre à la vérification proposée, ayant pour objet de reconnaître si son âme est droit au milieu du métal, je dis que pour effectuer cette opération on devra prendre deux tringles de bois droites et égales, telles que AB et CD, et les clouer par un de leurs bouts sur deux traverses ou sur une planche d'une brasse de longueur, de manière à ce qu'elles soient parallèles entre elles et distantes l'une de l'autre d'un peu plus de la moitié de la grosseur de la pièce en arrière, la longueur de ces deux tringles étant plus grande que celle de l'âme d'une quantité égale à la distance à mettre entre les deux traverses, ou à l'étendue de la planche sur lesquelles on clouera les deux tringles. Cela fait, on enfoncera l'une des deux tringles, par exemple CD, dans l'âme, de manière qu'elle touche celle-ci dans toute la longueur de la génératrice supérieure, ainsi que cela est indiqué dans la fig. 36, et l'on mesurera ou fera mesurer avec soin la distance qu'il y a entre le point A, extrémité de la tringle, et le métal de la pièce au même endroit. Soit cette distance égale à la ligne représentée en E. Après cette première opération, on changera l'emplacement des tringles par rapport à l'épaisseur de la pièce, et (afin de rendre la différence plus sensible) supposons qu'on la transporte dans la partie diamétralement opposée, ainsi que l'indique la fig. 37. Là nous mesurerons encore ou ferons mesurer la distance qui se trouvera entre le même point A, extrémité de la tringle, et la pièce ou le métal. Supposons que la distance ainsi obtenue dans cette seconde opération soit égale à la ligne F. Je dis maintenant que si par hasard la ligne F eût été égale à la ligne E (fig. 36), l'épaisseur du métal de la pièce eût été la même en dessus qu'en dessous. Mais, attendu que dans notre exemple nous avons trouvé la ligne F beaucoup plus grande que la ligne E, nous en conclurons que dans notre pièce l'épaisseur est beaucoup plus grande en dessus qu'en dessous, et plus grande d'une quantité précisément égale à l'excès de la ligne F sur la ligne E. On devra procéder d'une manière analogue pour vérifier les épaisseurs à droite et à gauche et pareillement dans tous les autres sens intermédiaires tout autour de la pièce, représentant chaque fois les distances obtenues par des lignes qui serviront à faire connaître avec précision la grosseur ou la faiblesse du métal tout autour de l'âme, et en même temps la direction dans laquelle le tir de la pièce sera dévié, conformément à ce qui a été expliqué précédemment (1).

(1) L'instrument proposé ici par Tartaglia pour vérifier la concen-

ALBERGHETTO. Votre méthode est très-avantageuse (*molto spediento*) et me plaît beaucoup.

---

tricité de l'âme et de la surface extérieure des pièces donnerait plutôt aujourd'hui que de son temps des résultats un peu exacts. Encore faudrait-il employer des précautions qu'il n'indique pas, soit pour placer chaque fois l'instrument ou la pièce de manière à mettre l'opération à l'abri de l'erreur que la flexibilité de la branche extérieure sous son propre poids peut occasionner, soit pour prendre les mesures avec toute la précision possible et que l'invention du vernier et de la vis micrométrique permettrait d'obtenir bien au delà de ce que l'on pouvait en 1545. En général il ne faut pas perdre de vue que cet instrument donne moins les épaisseurs du métal des pièces que les différences entre l'écartement (supposé constant) des deux tringles et la distance de la tringle extérieure au point de la surface extérieure que l'on considère. Ce n'est qu'autant que la tringle intérieure peut être exactement appuyée contre la paroi de l'âme au point correspondant de la longueur qu'on pourrait obtenir directement les épaisseurs. Ce n'est que dans ce même cas aussi, et qu'autant que la surface extérieure de la pièce serait de révolution, qu'il serait permis de conclure que l'âme est concentrique en tous points à cette surface extérieure, de ce qu'on aurait vérifié la concentricité à la bouche et à la culasse. Du temps du coulage à noyau, non-seulement l'âme pouvait n'être pas rectiligne malgré l'alézage qui suivait l'extraction du noyau, mais la surface extérieure n'était pas de révolution, parce que l'on ne tournait pas les pièces, et que les moules en terre, bien que tournés, se déforment toujours sous leur propre poids pendant leur dessiccation sur les chantiers où on les construit; on devait donc être induit dans des erreurs plus ou moins importantes sur le défaut de concentricité et la régularité des épaisseurs que l'on voulait vérifier, lorsqu'on se bornait à faire la vérification avec l'instrument au fond de l'âme. Cependant cet instrument a été adopté (sauf de légères modifica-

QUESTION VINGT-QUATRIÈME

Faite par le même M. Alberghetto.

ALBERGHETTO. J'ai une autre question à vous proposer. Il arriva une fois que, dans une épreuve de plusieurs pièces qui eut lieu à Lio, l'une des pièces, après avoir déjà tiré quelques coups, donna au moment d'un nouveau coup de la bouche en terre. Aussitôt que la bouche eut touché le sol, composé de beaucoup de sable ou sablon, une grande quantité de ce sable fut attirée dans l'intérieur de la pièce. C'est la cause de cet effet que je vous demande de m'expliquer.

TARTAGLIA. Un cas analogue, mais plus bizarre, me fut autrefois rapporté par un artilleur (voir la *question* 20e) : au lieu du sable qui, dans votre observation, a été attiré dans

---

tions), non-seulement en Italie, mais aussi en Flandre, en Allemagne, en France, et probablement ailleurs. En France il est même encore aujourd'hui en usage dans les fonderies de la marine pour vérifier si la direction du forage (supposée rectiligne) n'a pas dévié d'une manière nuisible à la justesse du tir ; et à cet égard nous ferons remarquer que bien que les pièces de fonte de fer ne soient point tournées (à l'exception de la plate-bande de culasse et du bourlet qui déterminent l'inclinaison de la ligne de mire naturelle), leur surface extérieure peut très-approximativement être regardée comme étant de révolution, parce que les moules en sable dans lesquels on les coule se font verticalement sur modèles métalliques tournés. (*Note du traducteur.*)

l'âme de la pièce, ce fut, dans la sienne, un petit chien, ce qui rend la chose fort risible. L'explication doit être la même dans les deux cas, et se réduit à dire qu'une pièce en tirant s'échauffe nécessairement, et que dès qu'elle est un peu échauffée, elle devient attractive à la manière d'une ventouse, acquérant d'ailleurs cette propriété à un degré d'autant plus marqué que l'échauffement a été plus considérable. D'après cela il n'y a rien de surprenant à ce que votre pièce ait aspiré du sable dans son intérieur.

ALBERGHETTO. Votre explication me paraît très-satisfaisante (1).

QUESTION VINGT-CINQUIÈME

Faite par un escopettier artilleur.

L'ESCOPETTIER. Je possède une escopette munie d'une visière ajustée de telle manière qu'en tirant contre une cible (*segno*) placée en plaine à une distance convenable, je frappe presque à chaque coup le but, c'est-à-dire l'objet sur lequel j'ai visé, quelque petit qu'il soit. Je vous demande si la même visière, bien ajustée comme je viens de le dire, me servira aussi à tirer contre une cible, ou autre petit objet qui serait élevé, mais toujours à la même distance.

TARTAGLIA. Il est certain que la même visière ne vous servira pas d'une manière aussi précise en tirant en hauteur à la même distance.

L'ESCOPETTIER. Et pour quelle raison?

---

(1) Voir l'observation 1 de la question 21. (*Note du traducteur.*

TARTAGLIA. La raison en est que, puisque quand vous tirez en plaine à votre distance habituelle vous touchez presque à tout coup exactement le but, cela prouve qu'à cette distance et en ce point votre ligne visuelle rencontre le trajet de la balle, soit par simple contact, soit par intersection. Or dans le tir élevé la balle marche plus loin en ligne droite, ou suit une ligne moins courbe que dans le tir horizontal, c'est-à-dire pour lequel la pièce ou l'escopette a son axe horizontal (ainsi que cela a été discuté à l'occasion de la *question* 2e); et de plus, à mesure qu'en tirant en hauteur le trajet de la balle se rapproche plus de la ligne droite qu'en tirant en plaine, le point de rencontre du trajet avec la ligne visuelle a lieu à une distance moindre (1). D'après cela, l'intersection des deux lignes ayant lieu plus près (dans le tir en hauteur), il arrive que l'objet sur lequel on a visé, sup-

---

(1) Il est évident qu'il ne s'agit ici que du premier point d'intersection de la ligne de mire avec la trajectoire. On croit devoir faire remarquer en outre que ce que dit Tartaglia du rapprochement de cette intersection par l'effet de la plus grande rectitude de la trajectoire à son origine dans le tir élevé, ne doit s'entendre que sous la réserve de l'effet dû à la plus rapide diminution que subit dans le même cas la vitesse suivant la trajectoire à cause de la composante de la pesanteur estimée dans cette direction. La manière dont on applique aujourd'hui le calcul à la théorie du mouvement permet aisément de tenir compte de toutes ces circonstances. Rendons grâces aux beaux génies de Descartes et de Galilié, fondateurs, le premier de l'application de l'algèbre à la géométrie et à la mécanique, le second de cette dernière science sur laquelle on n'avait avant lui qu'un petit nombre de notions vagues et imparfaites. (*Note du traducteur.*)

posé à la même distance que primitivement, se trouve au delà de ladite intersection, et que par suite il est impossible de tirer aussi exactement dans le but en tant que cela dépend de la visière.

L'ESCOPETTIER. Je ne comprends pas trop bien vos raisonnements, mais pourtant je ne veux pas que vous vous fatiguiez davantage à me les faire comprendre, parce que je crois que vous y auriez de la peine. Concluez seulement et dites-moi si en tirant au blanc posé, comme je l'ai dit, sur une hauteur, et à la même distance que d'abord, je toucherai plus haut ou plus bas que le point visé.

TARTAGLIA. Je conclus que vous toucherez plus haut, parce que chaque fois que la ligne visuelle intersecte le trajet de la balle, et que le point sur lequel on tire est situé au delà de l'intersection, la balle doit toujours frapper un peu au-dessus du but et d'autant plus au-dessus du but que celui-ci est plus éloigné de l'intersection.

L'ESCOPETTIER. Il est certain que vous avez dit vrai ; car je vous dirai que j'ai tué dans ma vie plus de 2,000 oiseaux (je parle de petits oiseaux), et qu'une longue expérience m'a démontré ce que vous m'avez dit. Aussi toutes les fois qu'il m'arrive de tirer à quelque oiseau perché sur un arbre à ma distance ordinaire, je vise toujours aux pieds de l'oiseau, tandis que quand l'oiseau est à ma hauteur (*in piano*) je vise toujours à son corps, ce que faisant je manque rarement mon coup (1).

---

(1) Cet accord entre les conséquences de la théorie imparfaite de Tartaglia avec l'expérience constante de l'escopettier pourrait être regardé jusqu'à un certain point comme la preuve que dans le tir

QUESTION VINGT-SIXIÈME

Faite par le même escopettier.

L'ESCOPETTIER. J'ai une autre question à vous faire. Si avec mon escopette je voulais tirer contre une cible placée plus bas que moi, mais toujours à la même distance précitée, pourrais-je encore me servir de la même visière que dans le tir en plaine ; autrement dit, toucherais-je le but avec cette visière, ou bien frapperais-je plus haut ou plus bas que ce but?

TARTAGLIA. Il est clair que la même visière ne pourrait plus vous servir à la même distance, et cela toujours par les raisons alléguées ci-dessus ; avec cette visière vous devez frapper plus haut que le but.

L'ESCOPETTIER. Cette fois encore vous avez dit vrai : car quand je tire sur quelque oiseau placé au-dessous de moi, ma longue expérience m'a conduit à prendre toujours les pieds de l'oiseau pour point de mire, comme je le fais aussi pour ceux qui sont élevés, c'est-à-dire perchés sur quelque arbre ou bâtiment; et en tirant ainsi je manque rarement mon coup (1).

élevé la vitesse initiale de la balle est un peu plus grande que dans le tir horizontal par l'effet de sa plus grande résistance au premier déplacement et dans le parcours de la longueur du canon. (*Note du traducteur.*)

(1) Dans le cas actuel la vitesse initiale de la balle ne doit pas comme dans le cas précédent augmenter par l'effet de l'inclinaison du canon, mais, en revanche, la composante de la pesanteur dans le sens du mouvement s'ajoute à la vitesse d'impulsion. (*Note du traducteur.*)

TARTAGLIA. Je suis fort aise que votre longue expérience vous serve de témoignage à l'appui de ce que j'ai conclu de considérations scientifiques.

QUESTION VINGT-SEPTIÈME

Faite par le même escopettier.

L'ESCOPETTIER. Voici encore une question à laquelle je vous prie de me répondre. Je suppose qu'en tirant de but en blanc (*de mira*) (1) avec une escopette contre une cible ou quelque autre objet, le coup frappe au-dessus du but; qu'arriverait-il si l'on transportait alors le but un peu plus loin, ou si l'escopettier lui même se retirait un peu en arrière pour tirer de nouveau de but en blanc? le coup cette fois serait-il plus haut ou plus bas que le premier?

TARTAGLIA. Dans un cas semblable le coup frappera plus haut au-dessus du but qu'il n'avait frappé d'abord.

L'ESCOPETTIER. Vous avez dit la vérité, car il m'est arrivé à moi-même de vérifier la chose, en voulant reconnaître la portée de but en blanc d'une escopette neuve. Cette escopette, tirée à une certaine distance ordinaire du but à l'aide de sa visière, touchait au-dessus du point visé; j'ai fait

---

(1) Le but en blanc dont il s'agit ici n'est pas précisément ce que l'on entend aujourd'hui sous cette dénomination, qui désigne particulièrement le second point d'intersection de la ligne de mire avec la trajectoire. Ici c'est la position du premier point d'intersection que Tartaglia désigne plus particulièrement dans l'expression *tirar de mira*, que nous avons traduite par *tirer de but en blanc* parce qu'on vise droit sur le but. (*Note du traducteur.*)

transporter le but plus loin, à dix pas environ, dans l'espérance d'obtenir un tir plus exact, mais c'est le contraire qui est arrivé : le coup cette fois a été beaucoup plus haut encore que la première, à mon grand étonnement, parce qu'il me semblait et il me semble toujours qu'en éloignant le but on devrait toucher plus bas qu'en tirant de plus près. Je désirerais donc beaucoup vous entendre m'expliquer la cause de cette irrégularité.

TARTAGLIA. Ce n'est point une irrégularité, mais un fait conforme à la nature des choses; il y aurait au contraire irrégularité très-grande si le résultat eût été tel que vous le supposiez. En voici la raison : toutes les fois qu'on tire de but en blanc, avec une escopette ou avec une pièce, contre un but marqué, et que, conséquemment à la disposition des deux visières ou mires, le coup est haut, cela prouve que la ligne visuelle intersectait le trajet suivi par le projectile, et que l'intersection avait lieu en deçà du but (par les raisons énoncées dans la 7e question). De plus, sur une étendue considérable, plus le but sur lequel on tire est éloigné par delà ladite intersection, plus le coup est haut relativement à ce but. En transportant donc le but plus loin, on ne fait que l'éloigner davantage au delà de la susdite intersection, et par conséquent le coup doit être plus haut que d'abord ou passer davantage au-dessus du but; et la quantité dont il passera au-dessus du but augmentera continuellement avec la distance de celui-ci jusqu'à un certain terme. Les mêmes effets auraient lieu si, à la place de transporter le but à une plus grande distance, c'était le tireur (escopettier ou canonnier) qui se retirât en arrière de sa position primitive. Tout ce que je viens de dire doit s'entendre de ce qui se passe quand la cause qui avait primitivement donné lieu à un coup haut est uniquement due à la disposition des deux mires, et non à quelque maladresse du tireur, car, dans ce dernier cas (par exemple si, au moment de faire feu, le tireur faisait quelque mouvement qui dérangeât le coup et le fît toucher au-dessus ou au-dessous, à droite ou à gauche du but), tout ce que nous avons dit resterait sans application. Je dois vous faire remarquer encore qu'il serait possible de transporter le but à une distance suffisamment grande pour que non-seulement le nouveau coup se rapprochât du but, mais y frappât en plein, et cela toujours en conséquence des raisons énoncées dans la 7e question. C'est ce qui arriverait par exemple en transportant le but assez loin pour qu'il se trouvât précisément au second point d'intersection de la ligne visuelle avec le trajet suivi par le projectile. Dans ce cas, ainsi qu'il a été dit dans la 7e question, nul doute que le coup ne frappât exactement le but. Que si, au lieu de se trouver rigoureusement au point de la deuxième intersection, le but en était seulement plus ou moins rapproché, le coup alors ne toucherait pas, rigoureusement parlant, le but, mais en serait très-près, et cela de telle manière, que, si le but était un peu en deçà de l'intersection, le coup se trouverait un peu haut, et qu'au contraire il serait un peu bas, si le but était un peu au delà de l'intersection. Tout cela résulte clairement des raisonnements et des figures employés à la fin de la 7e question. Je terminerai en observant que le but pourrait aussi être tellement éloigné de la seconde intersection, qu'alors il n'y aurait plus aucune possibilité de l'atteindre (dans le tir de but en blanc). C'est ce qui se conçoit d'ailleurs tout naturellement.

L'ESCOPETTIER. J'ai parfaitement compris votre explication, et j'en suis très-satisfait.

QUESTION VINGT-HUITIÈME

Faite par le même escopettier.

L'ESCOPETTIER. La question précédente m'en a suggéré une autre que voici. Si, tirant de but en blanc avec mon escopette contre un point déterminé, l'effet des deux visières (*la visière et le guidon*) était de me faire toucher au-dessous du point visé, et que je fisse de nouveau transporter le but un peu plus loin, ou que moi-même je me retirasse un peu en arrière, qu'arriverait-il à ce second coup ? serait-il plus haut ou plus bas que le premier ?

TARTAGLIA. Le cas que vous me proposez en embrasse plusieurs qui demandent à être examinés séparément. En effet la visière de devant (*le guidon*), peut être ou aussi haute que celle de derrière, ou plus haute qu'elle, ou plus basse qu'elle. Lorsque la mire de devant sera égale à celle de derrière ou sera plus grande qu'elle, les raisons exposées au commencement de la 7e question prouvent que plus on éloignera le but plus le coup qui s'ensuivra sera bas. Mais lorsque la visière de devant sera plus basse que celle de derrière, et que la quantité dont elle sera plus basse se trouvera par hasard être telle que votre ligne visuelle aille réellement couper le trajet de la balle (comme on l'a fait voir à la fin de la 7e question), dans ce cas particulier le second coup sera nécessairement au-dessus du premier, et à cet égard il pourra arriver de trois choses l'une : ou le nouveau coup restera en dessous du but et sera compris entre celui-ci et le coup du premier cas, ou bien il pourra toucher exactement le but, ou enfin il pourra se trouver au-dessus. Cela dépendra de la différence relative entre les hauteurs des visières de devant et de derrière. Lorsque la différence sera telle, que la ligne visuelle doive couper le trajet de la balle, comme il a été dit ci-dessus, et lorsque dans une telle circonstance l'escopettier ou le canonnier pointeront de but en blanc sur quelque objet, si, par le seul effet de cette disposition des deux visières (et non par le fait de quelque erreur du pointeur), le coup touche au-dessous du but, cela prouvera (par les raisons données à la fin de la 7e question) que l'intersection de la ligne visuelle avec le trajet de la balle aura lieu au delà du but, autrement dit que le but sera situé entre ladite intersection et le pointeur. Si donc le nouvel emplacement donné audit but continue de se trouver en deçà de l'intersection, nécessairement le second coup sera encore en dessous du point visé, mais plus rapproché que la première fois, c'est-à-dire qu'il sera entre ce point et le premier coup. Si par hasard le nouvel emplacement du but se trouvait précisément au point d'intersection, le second coup devrait frapper exactement le but, c'est-à-dire le point visé. Que si enfin ledit but avait été transporté au delà de l'intersection, nécessairement le second coup frapperait au-dessus du but et frapperait d'autant plus haut que le nouvel emplacement du but aurait été porté plus loin de l'intersection, jusqu'à une certaine limite (comme on l'a déjà fait remarquer à la fin de la question précédente). Maintenant voyons ce qui doit arriver si la visière de devant est seulement un peu plus basse que celle de derrière, et de manière à ne pouvoir pas abaisser assez la ligne visuelle pour qu'elle puisse rencontrer le trajet de la balle. Dans ce cas encore, quel que soit le nouvel emplacement donné au but, le coup restera toujours au-dessous du point visé; mais il pourra arriver qu'il ait lieu ou au-dessus du coup précédent, ou au-dessous, ou précisément au même point. En effet, si le premier emplacement du but était par hasard au point de la ligne visuelle qui est le plus rapprochée du trajet de la balle (comme on l'a fait voir dans la 8ᵉ question), lorsqu'on transporterait ensuite ce but au delà de ce point, il est clair que le second coup serait plus bas que le premier. La même chose aurait lieu aussi, relativement à ce second coup, si l'on transportait de nouveau le but au delà du second emplacement.

Mais si la première position du but était en deçà du lieu mentionné (de plus grand rapprochement des deux lignes), lorsqu'on viendrait, en l'éloignant, à le rapprocher dudit lieu, le second coup serait plus haut que le premier, tout en étant toujours en dessous du but ou point visé, c'est-à-dire qu'il serait intermédiaire entre le premier coup et le point visé. Que si le but était transporté au delà dudit lieu de plus grand rapprochement de la ligne visuelle et du trajet de la balle, il pourrait arriver qu'il en fût assez peu éloigné au delà pour que le second coup fût encore entre le précédent et le point visé. Il pourrait aussi en être assez éloigné pour que le nouveau coup fût plus bas que le premier, et enfin il pourrait encore arriver que le nouvel emplacement fût tel, que le coup se confondît exactement avec celui de la première position. Tout cela ne présentera aucune difficulté à comprendre à qui jettera les yeux sur les figures employées à l'occasion de la 8ᵉ question. Il reste encore à considérer le cas rare où la visière de devant aurait par rapport à celle de derrière la hauteur précisément la plus convenable au coup, c'est-à-dire une hauteur telle, que la ligne visuelle fût tangente au trajet de la balle, au lieu de la couper. Si, dans cet état des choses, l'escopettier ou le canonnier tiraient de but en blanc, et que conséquemment à la disposition relative des deux visières, et non par l'effet de quelque erreur de pointage, le coup frappât en dessous du but, en vertu des raisons exposées dans la 9ᵉ question, il pourrait se faire que ledit but fut ou en deçà ou au delà du point de tangence des deux lignes : car dans l'une ou l'autre de ces deux positions, le coup serait également en dessous du but, comme on peut aisément s'en rendre compte en considérant la figure relative à la question 9e. Il convient toutefois de remarquer que, si le premier coup, dans l'état des visières que nous considérons, était fort au-dessous du point visé, il y aurait lieu de juger que ce point était au delà du point de tangence, et non en deçà, parce que quand il est en deçà le coup ne peut jamais être très-bas, par la raison indiquée dans la susdite 9e question. Si donc le but était au delà dudit point de tangence, lorsqu'on le transporterait encore plus au delà, c'est-à-dire à une plus grande distance du dit point de tangence, nul doute que le second coup ne fût beaucoup plus bas que le premier. Mais si le but était en deçà du point de tangence, en le transportant plus loin, il pourrait arriver que la seconde position ou fût encore en deçà dudit point de tangence, ou se confondît avec ce point, ou fût plus éloigné que lui. Dans la première hypothèse, c'est-à-dire lorsque la seconde position du but sera en deçà du point de tangence, le second coup se trouvera plus haut que le premier, tout en restant en dessous du but, c'est-à-dire qu'il sera entre ce but et le premier coup. Mais si le but, dans la seconde position, était par hasard au point de tangence même, le second coup frapperait exactement au but. Et enfin si la seconde position du but était au delà du point de tangence, il pourrait ou en être assez éloigné pour que le second coup fût plus bas que le premier, ou en être assez peu distant pour que ledit second coup fût plus haut que le premier, mais toujours en dessous du but, c'est-à-dire entre le but et le premier coup, et enfin il peut encore en être à une distance précisément telle, que le second coup frappe précisément au but.

L'ESCOPETTIER. Vos explications me font un véritable plaisir, parce que je commence à les comprendre. Aussi, au lieu de mettre fin à mes questions, comme j'en avais l'intention, je me sentirais disposé à vous en adresser de nouvelles qui me sont venues à l'esprit en vous écoutant ; mais je crains de vous être ennuyeux.

TARTAGLIA. Continuez, vous ne m'ennuyez en aucune manière.

QUESTION VINGT-NEUVIÈME

Faite par le même escopettier.

L'ESCOPETTIER. Autant que je puis en juger par les raisonnements que vous avez employés dans les questions précédentes, votre opinion est que toutes les fois que le point sur lequel on tire de but en blanc ne se trouve pas précisément à la rencontre de la ligne visuelle et de celle que suit le projectile, celui-ci ne peut pas, rigoureusement parlant, toucher le but. Or cette conséquence, qui, quand je la considère au point de vue de la théorie (*la ragion naturale*), me paraît tout à fait exacte, d'un autre côté, quand je la compare à ce que m'a appris ma longue expérience, ne me paraît pas s'y conformer complétement ; toutefois, avant que je ne vous dise en quoi consiste le défaut d'accord, je vous prie de m'éclaircir le doute que voici : D'où vient que tout escopettier, comme aussi tout canonnier, tire d'autant plus juste ou fait des coups d'autant plus beaux qu'il est moins éloigné de l'objet sur lequel il tire, et cela quelle que soit la disposition des visières.

TARTAGLIA. Pour répondre avec méthode à votre question, qui embrasse toutes les différences qui peuvent avoir lieu entre les deux visières, nous commencerons d'abord par considérer le cas où la visière de devant se trouve par hasard justement égale à celle de derrière. Je dis donc que, quand la visière de devant sera aussi élevée que celle de derrière, plus celui qui tire sera près du but plus il aura de chances de l'atteindre ou de faire de beaux coups. Il y a pour cela deux raisons différentes : la première vient de ce que (comme on l'a fait voir dans la 7ᵉ question) le coup de l'escopette ou de la pièce est toujours en dessous du point sur lequel on vise, et que la quantité dont il est en dessous augmente de plus en plus à mesure que le but est plus éloigné, ou réciproquement que cette quantité va toujours en diminuant à mesure que le but est plus rapproché, la limite inférieure de l'abaissement du coup répondant au cas où le but se trouverait en quelque sorte en contact avec la visière de devant et étant indiquée par la distance qui existe entre le sommet de l'une ou de l'autre visière et l'âme, ce qui revient à un peu plus que l'épaisseur du métal de la pièce en arrière, ou, dans le cas d'une escopette, à environ la grosseur d'un doigt (*dedo*), et augmente, dans le cas des grosses pièces à mesure que celles-ci sont plus épaisses à la culasse. Maintenant bien que la balle, aussitôt qu'elle est sortie de l'escopette, ou le boulet, dès qu'il est sorti de la pièce, commence à s'abaisser et s'abaisse progressivement de plus en plus (comme il est dit dans la 3ᵉ question), cependant, s'il était possible de suivre des yeux le mouvement, on verrait que l'abaissement est très-peu sensible pendant les premiers instants ou sur un certain espace, si bien que pendant un certain espace le coup de l'escopette, en tant qu'il dépend des visières, ne doit pas s'abaisser beaucoup plus au-dessous du point visé que de la grosseur précitée d'un doigt. Je dis en tant qu'il dépend des visières, et non en conséquence de quelque faute commise par le tireur: car les écarts ou autres accidents qui peuvent résulter du fait du tireur ne sont nullement compris dans nos raisonnements. Telle est la première cause pour laquelle un escopettier, ainsi qu'un canonnier (dans le cas où la visière de devant est égale à celle de derrière), sera susceptible de tirer d'autant plus juste ou de faire ses coups d'autant plus beaux qu'il sera plus rapproché du but sur lequel il tire. Cette même cause est aussi celle pour laquelle le même effet s'observe lorsque la visière de devant est un peu plus élevée que celle de derrière, parce qu'alors (ainsi qu'on l'a dit dans la 7ᵉ question) la pièce donne aussi toujours en dessous du but, et donne d'autant plus en dessous qu'elle en est plus éloignée. Le moindre abaissement qui peut avoir lieu dans ce cas est indiqué à très-peu près par la quantité dont le sommet de la visière de devant est au-dessus de l'âme de l'escopette ou de la pièce d'artillerie; ce moindre abaissement (qui donne la limite de la divergence du tir) est donc un peu plus grand que dans le cas précédent, c'est-à-dire un peu plus grand que la grosseur d'un doigt. A distances égales l'abaissement des coups sera aussi toujours un peu plus considérable que dans le cas de l'égalité en hauteur des deux visières; mais la différence sera peu importante surtout à de faibles distances. Ainsi en résumé, comme on l'a déjà dit ci-dessus, c'est là la première cause pour laquelle, quand la visière de devant est un peu plus haute que celle de derrière, un escopettier, ainsi qu'un canonnier, est susceptible de faire des coups d'autant plus beaux ou de frapper d'autant plus près du but que le but est moins éloigné. Indépendamment de cette première cause, la raison naturelle en enseigne une seconde tant au canonnier qu'à l'escopettier;

elle consiste en ce que chaque fois que le tireur est très-rapproché de l'objet sur lequel il veut tirer, au lieu de diriger son rayon visuel droit sur l'objet, il vise un peu au-dessus, parce qu'il comprend instinctivement que les extrémités des deux visières sont un peu plus hautes que la bouche de la pièce d'où sort le boulet, et en agissant ainsi il corrige la petite erreur dont on a parlé plus haut, qui résulte de ce genre de tir, et devient susceptible de frapper plus près du but.

Passant maintenant à considérer le cas où la visière de devant est un peu plus basse que celle de derrière, je dis que le même raisonnement employé pour prouver la proposition dans le cas où la visière de devant est égale à celle de derrière ou un peu plus haute s'applique, à bien plus forte raison, au cas actuel, et cela quelle que soit la différence en moins de la visière de devant à celle de derrière. En effet, quelle que soit cette différence, son effet est de faire converger la ligne visuelle vers le trajet que doit suivre la balle, et de les rapprocher ainsi continuellement jusqu'au point où ces deux lignes se coupent, ou se touchent, ou sont à la plus petite distance qui peut exister entre elles, distance moindre dans le cas actuel que dans l'un et l'autre des deux cas précédents, dans lesquels la ligne visuelle s'éloigne de plus en plus de la ligne suivie par le projectile, tandis que dans le cas actuel ces deux lignes le rapprochent de plus en plus jusqu'au point désigné précédemment. Bien que dans cette seconde disposition des visières, toutes les fois que le point sur lequel on vise se trouvera en deçà du point de concours ou de plus grand rapprochement de la ligne visuelle avec le trajet, plus il sera près de la pièce plus le coup sera bas, (comme il a été démontré dans les questions 7, 8, 9), cependant le plus grand écart en dessous du but ne peut être considérable (ainsi que cela résulte aussi des mêmes *questions* précitées), parce que le plus grand qui puisse avoir lieu sera encore ici le même que celui qui était aussi le plus grand possible dans les deux premiers cas considérés, c'est-à-dire celui qui correspond à la position du but contre la visière de devant ou à la bouche de la pièce ou de l'escopette, position pour laquelle nous avons vu que le plus grand abaissement du coup de l'escopette se réduit environ à la grosseur d'un doigt. Si donc, pour une position du but la plus rapprochée possible de la bouche de l'escopette, le plus grand abaissement du coup ne peut pas excéder beaucoup la grosseur d'un doigt, lorsque le but sera un peu éloigné de la bouche, nécessairement le coup en sera moins bas, c'est-à-dire que l'écart du coup en dessous du but sera moindre que la grosseur d'un doigt, et d'autant moindre que le but sera plus éloigné de l'escopette, pourvu qu'il ne passe pas au delà du point d'intersection ou de contact ou de plus grand rapprochement de la ligne visuelle avec la ligne suivie par le projectile. Ainsi pour une position du but répondant à la distance de 10 pas en avant de la bouche de l'escopette on peut dire que l'abaissement du coup sera comme imperceptible, pour peu que le tireur, guidé, comme je l'ai dit, par une certaine raison naturelle, ne vise pas précisément sur le but même, mais un tant soit peu au-dessus, parce que sa raison doit lui faire comprendre (ainsi que je l'ai dit plus haut) que les sommets des deux visières sont un peu plus élevés que la bouche de son escopette d'où doit sortir la balle. En agissant ainsi (et je crois qu'il ne manque jamais de le faire), il réduit à rien le petit écart qui devrait avoir lieu au-dessous du but, et ainsi par les deux causes réunies que nous avons examinées, l'escopettier ou le bombardier, en employant la disposition des mires que nous considérons, est beaucoup plus apte à toucher le but ou à faire de beaux coups à une petite distance qu'il ne le serait avec les deux dispositions de visières que nous avons examinées en premier dans la présente question, parce que dans la disposition actuelle la ligne visuelle est, durant plus longtemps ou dans un plus grand espace, très-rapprochée de la ligne suivie par la balle, et comme confondue avec elle; nous avons donc fait voir en définitive que dans tout l'espace compris entre la bouche et le point d'intersection des deux lignes précitées le coup est pour ainsi dire soustrait à toute chance sensible d'erreur provenant du fait de la disposition des visières.

L'ESCOPETTIER. Je dois convenir que votre raisonnement m'a satisfait en tous points. Car, d'un côté, les explications que vous m'aviez données dans la précédente question me portaient à croire qu'il était impossible de toucher le but sur lequel on vise dès qu'il ne se trouve pas précisément au point d'intersection ou de contact des deux lignes convergentes, savoir : la ligne visuelle et celle que suit la balle. D'un autre côté, ma longue expérience me faisait croire que les faits n'étaient pas en harmonie avec cette manière de voir, attendu que j'ai tiré et tué avec mon escopette un nombre infini d'oiseaux à des distances très-variables, depuis la distance rigoureusement la plus convenable jusqu'aux distances les plus rapprochées, ce qui n'aurait pas dû arriver si les choses eussent été comme je l'avais d'abord compris. Car les deux visières (*visière et guidon*) de mon escopette étant supposées disposées de manière à faire converger ma ligne visuelle avec le trajet de la balle, il est présumable que le point de concours de ces deux lignes à toujours lieu à la même distance (surtout en tirant toujours sous une même inclinaison, et chargeant toujours de la même manière), et parconséquent du moment que le but était à une distance plus ou moins différente de ladite distance déterminée il eût été impossible de toucher ce but, contrairement à ce que cependant j'avais trouvé par expérience, savoir : de toucher fréquemment l'objet visé, en tirant avec mon escopette, soit à la distance ordinaire, soit à des distances tout à fait rapprochées, soit aux distances intermédiaires, l'inclinaison du tir étant la même. J'étais donc fort embarrassé d'arrêter mes idées entre votre théorie et les faits. Mais ce que vous venez de me dire lève toute espèce de doute. Les choses sont maintenant pour moi d'une clarté parfaite, et notamment en ce qui à lieu toutes les fois qu'il m'arrive de tirer quelque oiseau de très-près. Car alors, conformément à ce que vous avez dit, j'ai pour habitude de viser de manière à ce que le bout de mon escopette me cache le corps de l'oiseau, et ce faisant je manque rarement mon coup.

TARTAGLIA. Je suis fort aise que votre longue expérience vous ait confirmé les conséquences que j'ai déduites spéculativement à l'aide du raisonnement et de la géométrie.

L'ESCOPETTIER. Quoique vous ayez éclairci mon doute; en réfléchissant à votre raisonnement, il vient de m'en venir un autre à l'esprit, mais je crains de vous être importun.

TARTAGLIA. Dites toujours, vous ne m'importunez en aucune manière et au contraire vous me faites plaisir.

QUESTION TRENTIÈME

Faite par le même escopettier.

L'ESCOPETTIER. Dans votre discussion au sujet de la question précédente vous avez démontré par d'excellentes raisons qu'un escopettier tirant de près est toujours sujet à toucher un peu en dessous du but, ou plus bas que le but, et que l'abaissement ne peut excéder la grosseur d'un doigt, et peu de chose avec. Cependant j'ai vu moi-même beaucoup de personnes, tirant successivement avec une même escopette à une distance peu considérable et toujours sur le même but, toucher tantôt beaucoup au-dessus du point visé, tantôt beaucoup au-dessous, tantôt beaucoup à droite ou à gauche, tantôt enfin dans le but même. En conséquence je vous prie de me dire la cause de ces irrégularités, qui ne me semblent nullement explicables par les diverses raisons que vous avez employées dans votre discussion.

TARTAGLIA. Il faut savoir que de toutes les erreurs que l'on peut commettre en tirant avec une escopette les unes peuvent avoir uniquement leur cause dans la disposition des visières, d'autres dépendre uniquement de la maladresse du tireur, d'autres enfin dépendre à la fois de l'une et de l'autre de ces deux causes. Les erreurs dont nous avons parlé dans la question précédente sont celles qui n'ont d'autre cause que la disposition particulière des visières; nous avons fait alors complétement abstraction de celles qui peuvent résulter de la maladresse du tireur (et nous avons même eu soin, à l'occasion, d'en faire la remarque). La raison en est que les erreurs qui proviennent des visières sont les seules qui soient susceptibles de règle et de mesure, ainsi que nous l'avons dit en temps et lieu. Quant aux erreurs causées par la maladresse du tireur, elles ne sont soumises à aucun ordre, à aucune régularité, parce que la plupart sont la suite de quelque mouvement que le tireur imprime à son escopette après avoir visé ou au moment de faire feu, car le plus léger mouvement fait à cet instant de la décharge est capable de donner lieu à un grand écart à la distance où est le but sur lequel on tire, et d'autant plus grand que la distance précitée est elle-même plus grande. Comme ce mouvement de l'escopette (qui peut être causé par la respiration, par le battement du poulx, par le tremblement de la main (1)) n'a en lui-même aucune régularité, il s'ensuit que même en supposant le but situé au point précis où la ligne visuelle rencontre le trajet de la balle (point où par les raisons exposées, le coup devrait frapper précisément au but), cependant ce coup peut se trouver dévié par l'effet du mouvement de l'escopette dans toute espèce de direction, c'est-à-dire qu'il est sujet à donner en dessus ou en dessous, à droite ou à gauche, et même droit dans le but. Tous ces mêmes accidents peuvent également se présenter dans le cas où le but serait soit en deçà soit au delà du point du concours, et à ce sujet il convient de remarquer que les erreurs commises sont plus grandes lorsque le but se trouve au delà dudit point que quand il est en deçà, à cause de l'augmentation de la distance, attendu que plus le but est rapproché du tireur, plus les erreurs de tout genre vont en diminuant ; ce qui fait que l'on a toujours alors plus de chances pour toucher le but, ou pour faire de beaux coups, comme on l'a expliqué dans la question précédente. Les mêmes accidents, du fait du tireur, peuvent aussi se

---

(1) Il paraît digne de remarque qu'au nombre des causes de dérangement de l'escopette au moment de faire feu, Tartaglia n'en indique aucune provenant du fait de la construction de la platine. Cela semble prouver que les platines à mèche et à rouet, les seules qui fussent connues en 1546, étaient assez douces à la détente pour n'occasionner aucun dérangement sensible de l'arme. *(Note du traducteur.)*

combiner avec les écarts provenant du seul fait de la disposition des visières, c'est-à-dire que par le seul effet du dérangement de l'escopette le tireur pourra toucher au-dessus ou au-dessous, ou latéralement, et même aussi précisément au but, parce que le mouvement de l'escopette pourrait se trouver, fortuitement, tel qu'il vint à compenser le défaut provenant des visières, et faire toucher le but, cas auquel le coup, bien que bon, n'en serait pas moins tout fortuit et nullement dû au savoir ou à l'adresse du tireur.

L'ESCOPETTIER. N'en dites pas davantage, car je vous ai parfaitement compris, et je dois vous déclarer que votre raisonnement a complétement éclairci tous mes doutes.

FIN DU LIVRE PREMIER.

LIVRE DEUXIÈME.

rmée à 45
dessus de

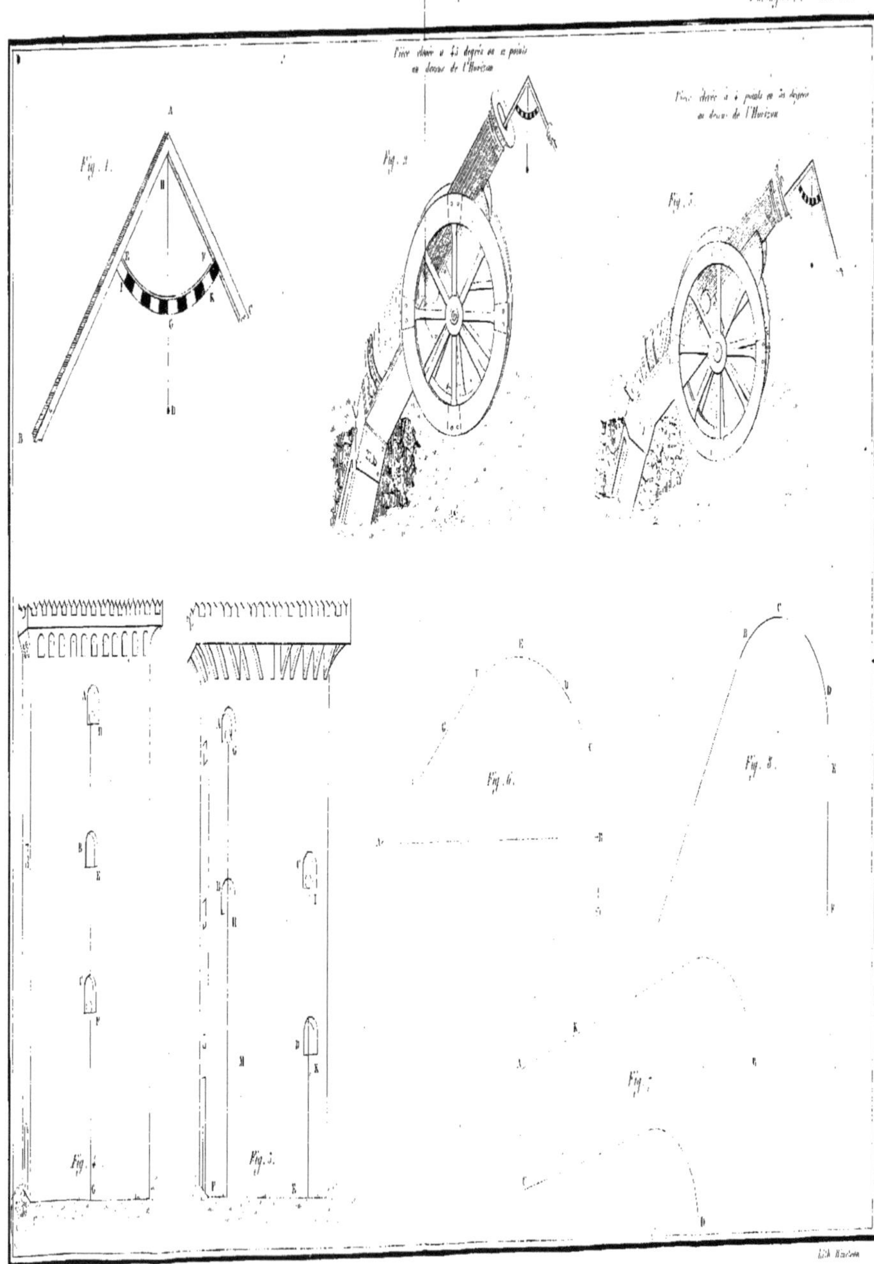

Delamare 16, quai St Michel 7.

Fig. 11.

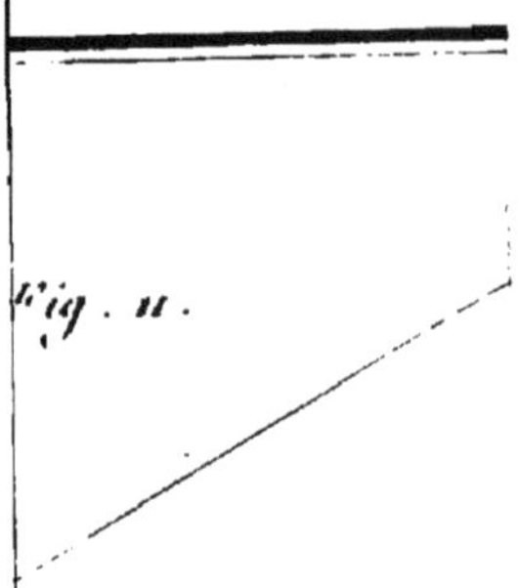

Fig. 19.

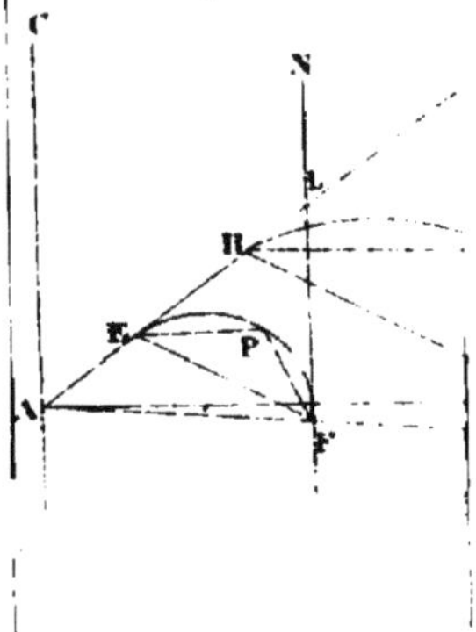

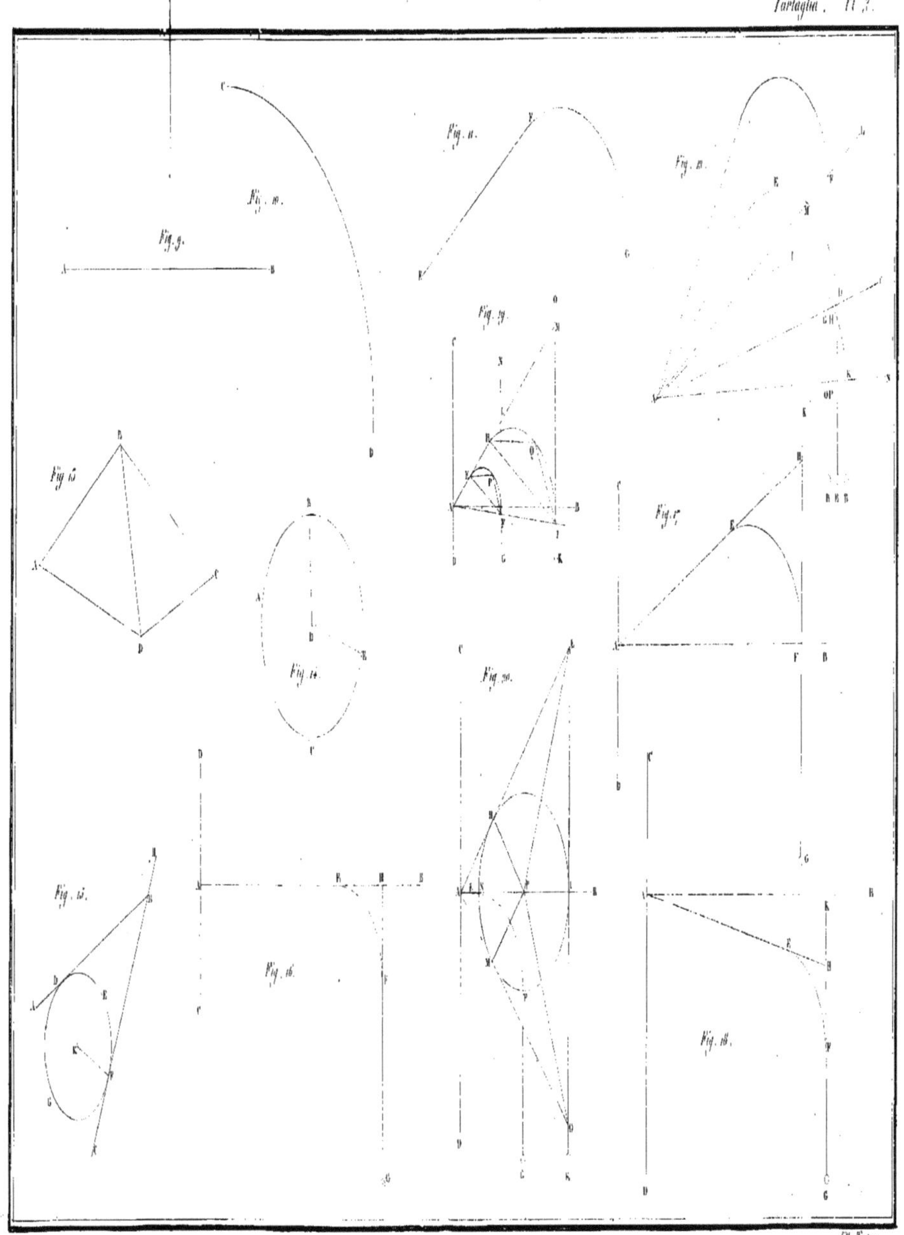

Fig. 9.
Fig. 10.
Fig. 11.
Fig. 12.
Fig. 13
Fig. 14.
Fig. 15.
Fig. 16.
Fig. 17.
Fig. 18.
Fig. 19.
Fig. 20.

Pièc

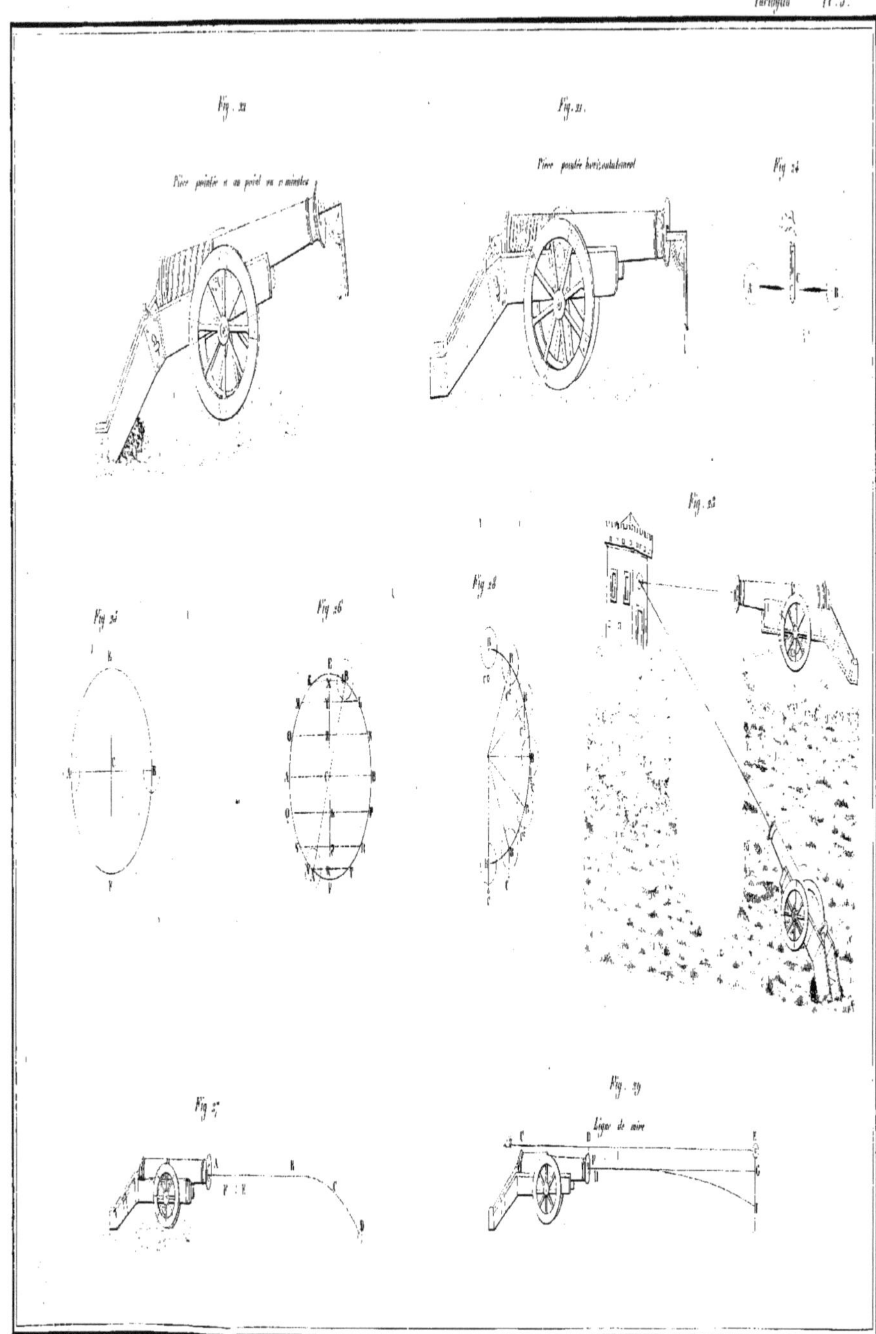

Lith. Benoist

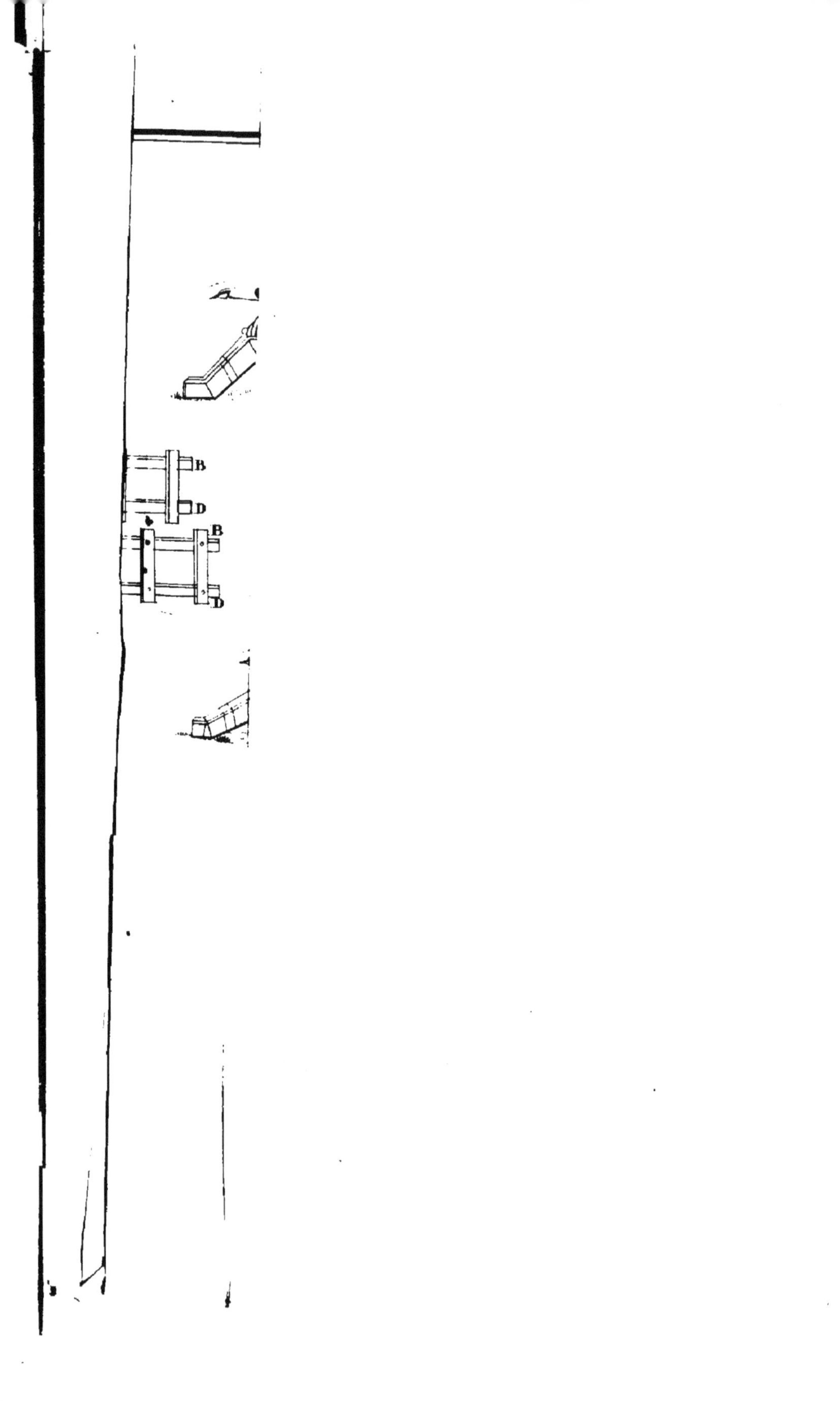
B
D
B
D

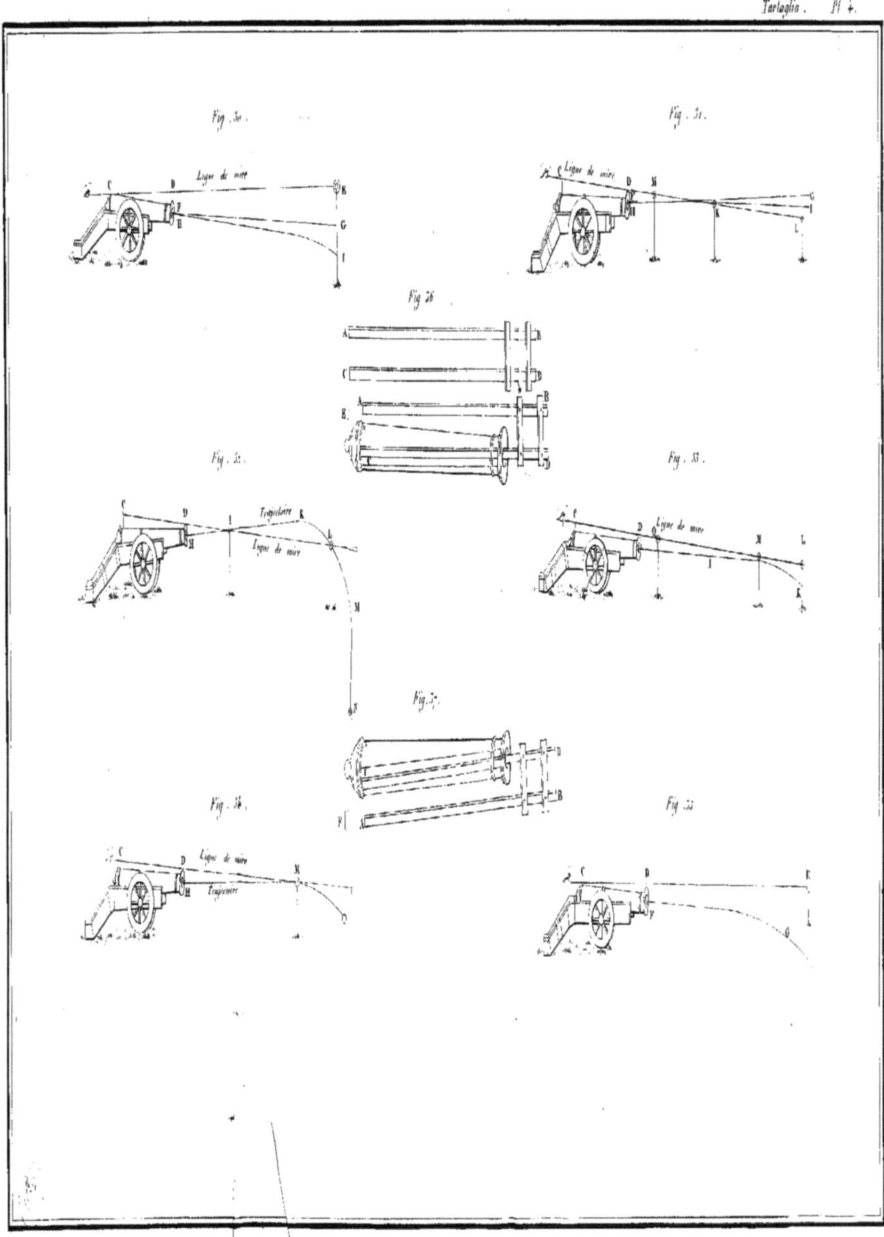

Fig. 30.
Ligne de mire
Fig. 31.
Ligne de mire
Fig. 36
Fig. 32.
Trajectoire
Ligne de mire
Fig. 33.
Ligne de mire
Fig. 37.
Fig. 34.
Ligne de mire
Trajectoire
Fig. 35

Lith.

www.ingramcontent.com/pod-product-compliance
Ingram Content Group UK Ltd.
Pitfield, Milton Keynes, MK11 3LW, UK
UKHW022057260726
13993UKWH00001B/176